Análise e produção de textos didáticos para o ensino de Geografia

Análise e produção de textos didáticos para o ensino de Geografia

Maria Eneida Fantin

Editora
intersaberes

EDITORA intersaberes

Rua Clara Vendramin, 58 | Mossunguê
CEP 81200-170 | Curitiba | PR | Brasil
Fone: (41) 2106-4170
www.intersaberes.com
editora@editoraintersaberes.com.br

CONSELHO EDITORIAL **Dr. Ivo José Both (presidente)**
Dr.ª Elena Godoy
Dr. Neri dos Santos
Dr. Ulf Gregor Baranow

EDITORA-CHEFE **Lindsay Azambuja**

GERENTE EDITORIAL **Ariadne Nunes Wenger**

ANALISTA EDITORIAL **Ariel Martins**

CAPA **Luciano Brião**

PROJETO GRÁFICO **Bia Wolanski**

Dados Internacionais de Catalogação na Publicação (CIP)
(Câmara Brasileira do Livro, SP, Brasil)

Fantin, Maria Eneida
Análise e produção de textos didáticos para o ensino de geografia/Maria Eneida Fantin. – Curitiba: InterSaberes, 2013.

Bibliografia.
ISBN 978-85-8212-887-9

1. Didática 2. Ensino fundamental 3. Ensino médio 4. Geografia – Estudo e ensino 5. Português – Redação – Estudo e ensino 6. Textos – Redação – Estudo e ensino I. Título.

13-08423 CDD-910.7

Índice para catálogo sistemático:
1. Geografia: Estudo e ensino 910.7

Informamos que é de inteira responsabilidade da autora a emissão de conceitos.

Nenhuma parte desta publicação poderá ser reproduzida por qualquer meio ou forma sem a prévia autorização da Editora InterSaberes.

A violação dos direitos autorais é crime estabelecido na Lei n. 9.610/1998 e punido pelo art. 184 do Código Penal.

Foi feito o depósito legal.

1ª edição, 2013.

Sumário

Apresentação **VII**

O texto didático em Geografia **11**

    O texto didático de Geografia e suas características **12**

    A escolha de um texto (livro) didático é também a escolha de uma concepção curricular **16**

Fundamentos necessários para a análise do texto didático em Geografia **25**

    A periodização do pensamento geográfico **26**

    A Geografia clássica: condições históricas e discurso teórico-conceitual **28**

    A Geografia moderna: condições históricas **36**

Análise do texto didático em Geografia **53**

    Critérios para análise de textos didáticos de Geografia e o Programa Nacional do Livro Didático (PNLD) **55**

    A produção de textos didáticos: limites e possibilidades **69**

    Algumas palavras sobre textos não didáticos **75**

Considerações finais **78**

Referências **80**

Sobre a autora **84**

Apresentação

Esta obra traz algumas questões para a discussão sobre A ANÁLISE E A PRODUÇÃO DE TEXTOS DIDÁTICOS DE GEOGRAFIA para os anos finais do ensino fundamental e para o ensino médio.

No que se refere ao assunto em questão, certamente existem aspectos não tratados aqui. Contudo, optamos por fazer recortes e tratar do que consideramos de maior relevância no assunto. Ao fazermos isso, temos consciência, expomos nossas posturas teórica, política e pedagógica. Que essa revelação seja sempre aberta e dialógica, para o bem da discussão acadêmica. Isso posto, apresentamos a seguir a estrutura deste texto.

Iniciamos este estudo argumentando sobre o papel do ensino de Geografia na educação básica e sobre as tendências teóricas curriculares mais significativas que influenciaram o ensino dessa disciplina. Partindo dessas considerações, discutimos sobre o que é um texto didático de Geografia e quais suas características gerais. Na sequência, relacionamos a produção dos textos didáticos com a concepção da função e dos objetivos dessa disciplina na escola. Em seguida, argumentamos sobre a necessidade de conhecer as tendências teóricas e a epistemologia da Geografia para identificar politicamente qualquer texto didático. Para tornarmos clara essa argumentação, fazemos uma exposição sobre as linhas de pensamento dessa ciência, os contextos históricos e políticos em que essas correntes de pensamento se desenvolveram e o quadro teórico-conceitual com que cada uma dessas linhas explicava o espaço geográfico. Sabemos que essa empreitada é extensa, mas a consideramos fundamental para a análise e a produção de textos didáticos dessa disciplina escolar.

Todos os tópicos dessa primeira parte do texto visam orientar o leitor/docente a uma atitude mais crítica no que se refere aos textos didáticos disponíveis. As discussões propostas objetivam não apenas o uso consciente desse material, mas a compreensão sobre os objetivos que podem ser alcançados e a concepção de ensino de Geografia implícita nos textos didáticos.

Na segunda parte desta obra, apresentamos os critérios de análise de livros didáticos de Geografia com base na opinião de autores que debateram o tema e da avaliação pedagógica do Programa Nacional do Livro Didático (PNLD). Destacamos brevemente como esse programa construiu os critérios de análise do livro didático e indicamos a importância de conhecer o programa, os editais de avaliação do livro e os Guias do Livro Didático, produtos do processo avaliativo coordenado pelo Ministério da Educação (MEC). Discutimos também os limites e as possibilidades do professor de sala de aula produzir os textos didáticos – sozinho e/ou com seus alunos. Propomos que o professor registre, sempre que possível, sua prática pedagógica. Sugerimos que inicie as abordagens dos conteúdos problematizando-os para que isso inquiete os alunos e os mobilize para a pesquisa. Por consequência, depois da pesquisa, o professor deverá orientar uma sistematização do conhecimento pesquisado. O registro desses procedimentos metodológicos e dos resultados das pesquisas dos alunos pode tornar-se material didático a ser utilizado por outros professores em sala de aula.

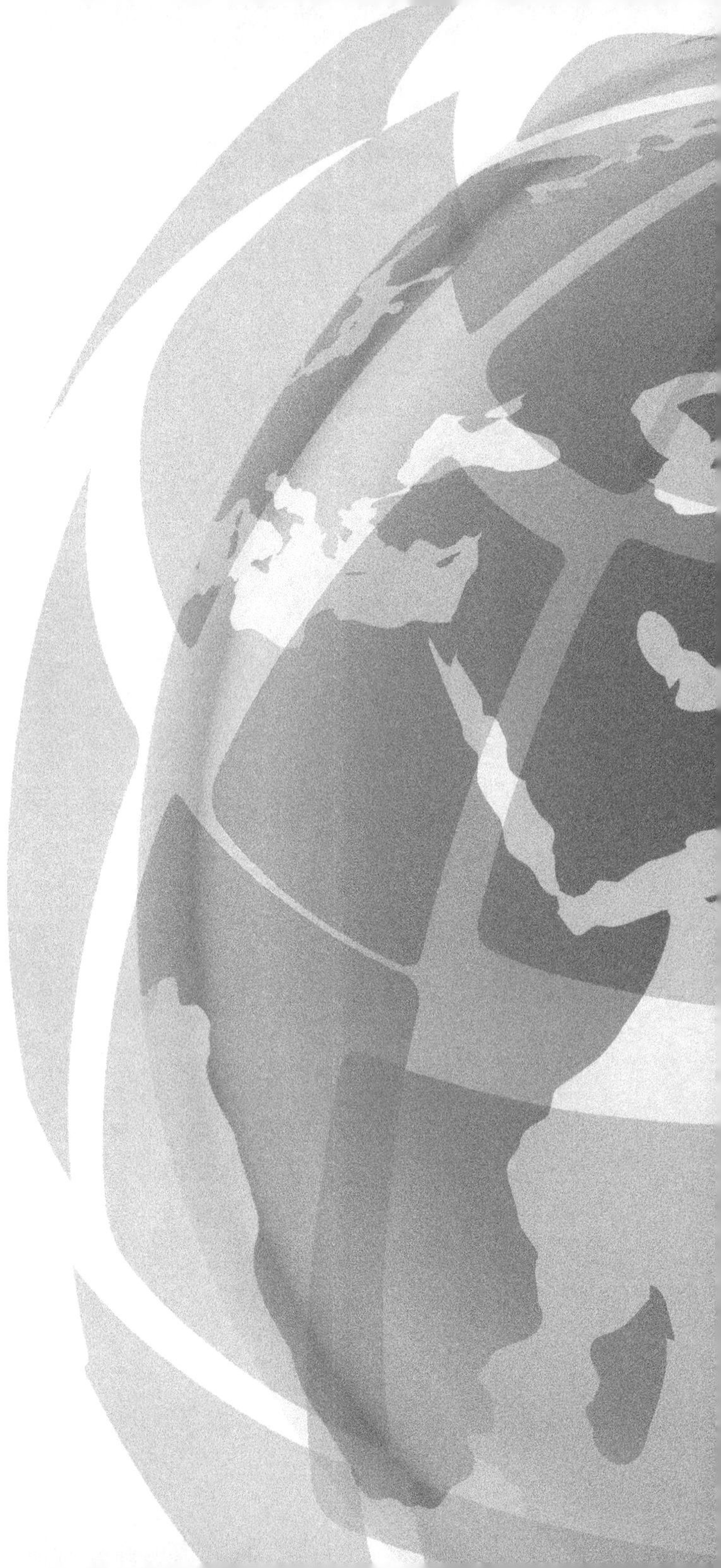

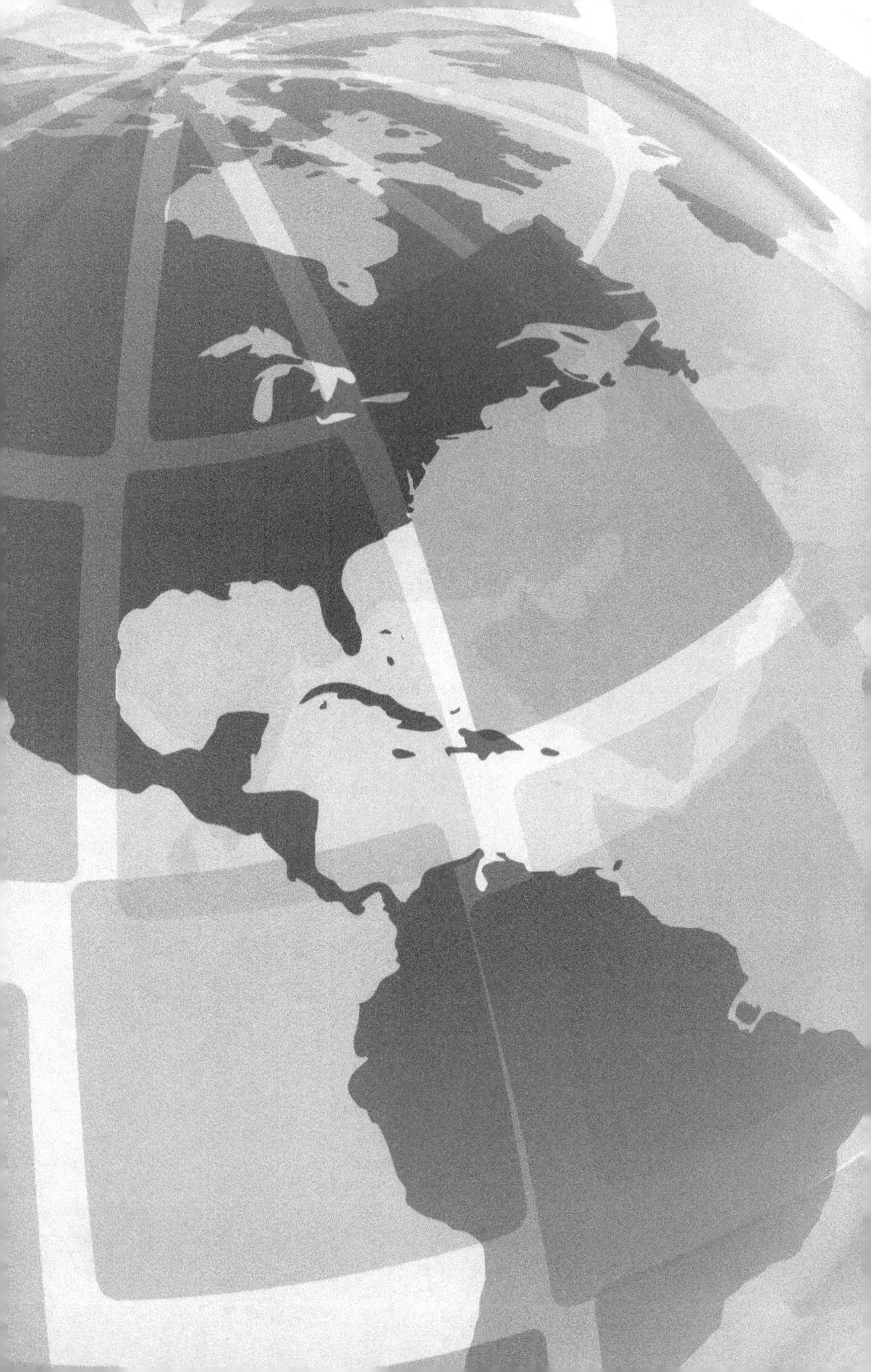

O texto didático em Geografia

Neste primeiro capítulo, nosso objetivo é apresentar duas questões fundamentais sobre um texto didático:

▶ Do que é composto um texto didático e como ele se caracteriza.

▶ O vínculo que o texto didático estabelece com uma determinada concepção curricular.

Apresentar as especificidades que um texto didático de Geografia deve ter é o ponto de partida para as discussões propostas neste trabalho. As características da disciplina e a importância que as fotografias, as imagens de satélite, as ilustrações, os mapas, os gráficos e as tabelas têm para o ensino de Geografia influenciam a constituição dos textos didáticos e, por isso, recebem destaque nesse início de abordagem do tema.

Na sequência, lembramos que o ensino de Geografia, nas últimas décadas, passou de uma abordagem conteudista para uma abordagem temática conceitual. Deixou de ter um caráter enciclopédico, mnemônico, e passou a estimular os alunos a formarem conceitos, a compreenderem as relações socioespaciais. O professor deve ser capaz de identificar se os textos didáticos de Geografia usados em seu cotidiano trazem elementos dessa concepção de ensino, que é alinhada às teorias críticas da educação, ou se estão vinculados a outras tendências pedagógicas.

Assim, introduzem-se os primeiros fundamentos para que o professor possa refletir sobre a complexidade e a importância da análise de textos didáticos, de modo que, quando for necessário, possa fazer uma escolha consciente.

O texto didático de Geografia e suas características

O que é um texto didático? O que o diferencia de outros gêneros de texto? E no ensino de Geografia, qual é a sua especificidade?

Capítulo 1

O texto didático é um instrumento/recurso que complementa as atividades didático-pedagógicas. É escrito com a finalidade de ensinar, de alcançar a compreensão de um tema, de informar sobre algo que está inserido na relação ensino-aprendizagem. O texto didático traz o conhecimento sistematizado segundo uma determinada ótica teórica e coloca-se como orientador do estudo do aluno. Faz a ponte entre o que se acredita ser importante ensinar e aquilo que o aluno deve aprender.

Caracterizado por estabelecer relações entre o saber científico e o saber escolar, o texto didático seleciona temas e conceitos considerados relevantes pelo autor e conduz o ensino e o raciocínio da aprendizagem – alguns apontam aproximações interdisciplinares. Sua linguagem deve manter o rigor científico, porém adequando-se à faixa etária do aluno a que se dirige. É, enfim, um texto mediador.

O texto didático de Geografia deve apresentar os principais conceitos dessa ciência/disciplina escolar e espacializar o conteúdo em estudo. Isso significa que tem de se articular com a imagem do fato ou fenômeno em questão (foto, desenho, ilustração), o que facilita a compreensão do conceito abordado, bem como indicar a localização desse fato ou fenômeno por meio de mapas precisos, orientados, com título, legenda e escala. Essas são características indispensáveis num bom texto didático de Geografia.

Além disso, o conteúdo tem que ser atualizado, contendo dados obtidos nas últimas pesquisas e aceitos por toda a comunidade científica. É imprescindível a fidedignidade das afirmações e a correção conceitual. Do ponto de vista teórico-metodológico, deve enfocar o espaço como uma totalidade, o que significa articular as diversas escalas geográficas, da local à global, além de abordar o tema de forma contextualizada historicamente. Deve também valorizar a realidade vivida pelo aluno e estimular a criatividade e o raciocínio reflexivo deste.

Os critérios para análise de um texto didático são muitos, e sua seleção depende, também, da concepção de ensino e da compreensão do papel da Geografia no currículo da educação básica. Em outro momento desta obra serão apresentados alguns critérios propostos por estudiosos do tema e outros propostos pelo Ministério da Educação (MEC), no Programa Nacional do Livro Didático (PNLD), para analisar livros didáticos de Geografia.

De uma forma geral, sem considerar a especificidade da disciplina, acreditamos que um texto didático deve ser analisado sob os seguintes aspectos:

- Formação e filiação teórica de seu autor: conhecer o autor do texto significa saber sobre sua formação e sua trajetória político-pedagógica na educação. Afinal, essas informações revelam tanto a aderência à Geografia e ao ensino quanto a filiação teórico-metodológica do autor do texto.
- Seleção e organização sequencial dos conteúdos: a escolha dos conteúdos que serão abordados no texto (no livro, no capítulo etc.) revela as prioridades do autor. Uma seleção implica escolher entre o que é mais importante ensinar e o que vai ficar de fora, o que é menos importante. Por isso, analisar o sumário de um texto ou livro didático é fundamental e pode identificar a linha teórica da obra.
- Abordagem dada ao conteúdo desde sua problematização inicial até as possíveis conclusões: a abordagem dada aos conteúdos é outro indicativo fundamental da filiação teórica e metodológica do autor. Começar o conteúdo com uma problematização inicial pode estimular o aluno a levantar hipóteses, a comentar o que já conhece sobre o tema. Isso facilitará a posterior relação entre os conhecimentos já adquiridos (prévios, tácitos) e em formação propostos pelo texto didático. Tratar os conteúdos de modo contextualizado, apontando diferentes pontos de vista sobre o assunto em estudo, estimulando a reflexão sobre esses pontos de vista, também é

indicativo de uma postura pedagógica específica. Essas são observações importantes a serem feitas no processo de análise de um texto didático.

- Atividades propostas e habilidades intelectuais que elas estimulam: as atividades propostas para os alunos devem ser coerentes com as abordagens do conteúdo. Ou seja, se o texto é instigador, começa com um problema, investiga os saberes prévios, apresenta o tema a partir de um contexto histórico, traz pontos de vista diversos. As atividades devem estimular processos intelectuais como a argumentação, a análise, a síntese, a crítica e a generalização.
- Estrutura gráfico-editorial que distribui texto e imagens nos capítulos ou unidades do livro: a maneira como o texto didático é diagramado, como se articula com as ilustrações (fotos, mapas, desenhos, blocos-diagramas, gráficos, tabelas) é indicativa da opção metodológica do autor e da adequação da obra à faixa etária a que se destina. Para ensinar os fenômenos do espaço geográfico na educação básica, imagens claras, grandes, com legendas simples, articuladas aos textos, são facilitadores importantes que contribuem para a compreensão de conceitos e categorias da Geografia. Sua distribuição adequada, sem causar poluição visual nem cansaço, é outro cuidado pedagógico que se deve ter.

Assim, o texto didático, além de ensinar, enriquece as reflexões do leitor acerca do problema apresentado e o estimula a pensar sobre possíveis soluções para a questão inicial que desencadeou todo o processo reflexivo sobre o tema.

A escolha de um texto (livro) didático é também a escolha de uma concepção curricular

A escolha de um texto (livro) didático e o uso que o professor faz desse material em sua prática pedagógica tem relação direta com sua concepção de ensino e com a importância que atribui ao conhecimento de Geografia para a formação do aluno da Educação Básica. Esses fundamentos são desenvolvidos na formação inicial do professor e vêm se modificando ao longo da história da institucionalização da Geografia na Academia. Tais mudanças relacionam-se com as transformações históricas ocorridas especialmente a partir da segunda metade do século XX, que afetaram as relações socioespaciais nas diversas escalas geográficas.

Então, escolher um texto (livro) didático não é um ato tão autônomo como parece a princípio. Essa escolha já vem marcada pela formação inicial do professor, regulada pelas políticas educacionais do país, influenciada pela produção teórica disponível e pelo discurso hegemônico do período histórico, bem como pelas necessidades que as relações socioespaciais locais, nacionais, regionais e globais impõem.

A par desses aspectos, as concepções de ensino de Geografia que influenciaram as organizações curriculares e a produção de material didático no Brasil nas últimas décadas podem ser agrupadas em três grandes tendências:

1. A primeira predominou até meados do século XX, quando as relações internacionais caracterizavam-se por um espaço mundial

compartimentado, marcado por relações políticas e econômicas lineares, atreladas ao passado colonialista. As regiões geográficas eram mais duradouras e suas características físicas e humanas pareciam permanentes. Nesse período, ensinava-se uma Geografia conteudista, que pretendia fazer o aluno conhecer o máximo possível sobre o planeta. Os conteúdos eram abordados de modo fragmentado sob vários aspectos:

- Primeiro em recortes regionais que organizavam o ensino dos continentes e/ou regiões, um a um, sem que se estabelecessem relações entre eles.
- A outra fragmentação dava-se nas abordagens dos aspectos naturais, demográficos e, por fim, econômicos de cada recorte regional.
- As relações sociedade-natureza e as relações espaço-tempo não recebiam destaque nessas abordagens ou apareciam apenas numa perspectiva descritiva.
- Privilegiava-se a informação, a constatação e a localização dos fatos e fenômenos. Nessa linha, o ensino da Geografia na escola apresentava os continentes e os países ao aluno, que deveria memorizar uma quantidade significativa de dados, das mais diversas naturezas, sobre esses espaços.

2. Depois da Segunda Guerra Mundial, as relações internacionais mudaram e o alinhamento passou a ser balizado pela adesão e/ou submissão ao capitalismo ou ao socialismo. No Brasil, essas reflexões políticas começaram a se disseminar, tomando a Academia e a escola básica nos anos de 1980, quando terminou a ditadura militar. Houve, então, um redirecionamento curricular na Educação Básica brasileira, que trouxe para o ensino, inclusive da Geografia, uma fundamentação teórico-crítica embasada nos estudos dos conflitos e contradições que caracterizam a sociedade capitalista e marcam a produção do espaço geográfico. Houve, então, o abandono da regionalização continental e da abordagem enfática da dinâmica da natureza. Assumiu-se a regionalização político-econômica do mundo com a qual se objetivava

a compreensão das relações desiguais e complementares que explicavam o espaço geográfico mundial. As contradições, as desigualdades, as injustiças sociais e econômicas passaram a ser relacionadas com a produção e a explicação do espaço geográfico. Categorias, conceitos e temas da perspectiva de ensino anterior foram completamente abandonados.

3. Contudo, com o fim da Guerra Fria, no início dos anos de 1990, uma nova ordem mundial se esboçou. A chamada *globalização* passou a se concretizar de um modo muito mais efetivo e numa rapidez jamais vista antes. As relações socioespaciais internacionais se fragmentaram e o mundo não estava mais bipolarizado. A experiência socialista do Leste Europeu também terminou e novas ferramentas teóricas eram necessárias para explicar o espaço geográfico. Nesse contexto, foi apresentada pelo MEC uma proposta de renovação curricular denominada *Parâmetros Curriculares Nacionais* (PCN). Tal proposta dirigia-se para as escolas de todo o território nacional brasileiro e trouxe para o ensino uma perspectiva teórico-metodológica autodenominada *plural*.

Os PCN foram alvo de muitas críticas, tanto de educadores quanto de estudiosos do ensino de Geografia. A começar pela ideia de pluralidade pedagógica, Nereide Saviani afirma que, ao anunciar que aproveita o que há de positivo nas diversas teorias da aprendizagem, os PCN insinuam-se como portadores de uma superioridade em relação às proposições curriculares que os antecederam (Saviani, 1999).

Na Geografia, essa proposta consolidou uma renovação temática que já vinha se esboçando, com a inserção de assuntos considerados relevantes para a compreensão do mundo globalizado, tais como os aspectos socioambientais, as características culturais dos povos e dos espaços em estudo. Além disso, os PCN colocaram em pauta uma ressignificação dos conceitos básicos da Geografia, destacando-os como um instrumental necessário para a análise do espaço geográfico contemporâneo.

Capítulo 1

No entanto, no que se refere aos fundamentos da Geografia, essa pluralidade teórico-metodológica assumida pelos PCN foi duramente criticada. Segundo Sposito (1999, p. 31),

> A assunção de uma tendência conceitual oscila no decorrer dos PCN, pois se ela é muitas vezes clara, em outras a concepção apresentada para os conceitos e categorias centrais dos PCN e/ou a terminologia utilizada nos blocos temáticos identificam-se com diferentes correntes teórico-metodológicas. [...] No entanto, há aspectos que parecem indicar que, em vez de uma pluralidade que permitisse distinguir as diferentes abordagens, existe uma indefinição que se aproximaria mais de um ecletismo [...].

Assim, para compreender os PCN, o professor precisa de uma grande bagagem teórica que o habilite a reconhecer os limites e as contradições não explicitados que as aproximações e articulações teórico-metodológicas presentes no documento implicam. Essa é uma tarefa importante, pois é inegável a influência dos PCN nas organizações curriculares das escolas básicas e na produção de livros didáticos nos últimos anos.

Em resumo, é possível afirmar que, além das duas grandes tendências teórico-metodológicas para o ensino da Geografia – a tradicional e a crítica –, identificam-se, mais recentemente, as influências dos PCN nas práticas pedagógicas dos diversos professores e materiais didáticos disponíveis para o ensino da Geografia. Escolher uma dessas tendências ou a mistura de algumas delas, conforme já mencionamos, revela o entendimento do professor quanto à função do ensino dessa ciência na escola. Se o objetivo for valorizar os conteúdos conceituais e factuais, bem como as habilidades de memorização, caracterização, identificação e localização de fatos e fenômenos sobre os diversos lugares do planeta, deve-se escolher a Geografia tradicional ou clássica (Sposito, 1999).

Se o professor entender que o ensino da Geografia na escola deve propiciar a leitura analítica do espaço geográfico, a ênfase se dará nos conteúdos conceituais e as habilidades estimuladas serão mais complexas, como a compreensão, a análise, a crítica, a formulação de hipóteses, a síntese, entre outras. Além disso, as atividades estimularão os alunos a intervir na realidade, a pesquisar, a buscar soluções para problemas reais do espaço vivido. Para isso, o professor deverá buscar um diálogo entre a fundamentação teórico-conceitual crítica da Geografia e a renovação temática demandada no final dos anos de 1990.

Consideramos, então, mais eficaz e apropriado buscar, nos pesquisadores sobre o ensino e o papel da Geografia na escola básica contemporaneamente, as contribuições importantes que podem auxiliar o professor nesse processo de formação continuada, para uma prática pedagógica coerente com as necessidades do mundo atual. Entendemos, como Cavalcanti (2002, p. 12-13), que:

> O trabalho de educação geográfica na escola consiste em levar as pessoas em geral, os cidadãos, a uma consciência da espacialidade das coisas, dos fenômenos que elas vivenciam, diretamente ou não, como parte da história social. O raciocínio espacial é importante para a realização de práticas sociais variadas, já que essas práticas são práticas socioespaciais. [...] a Geografia é a ciência que estuda, analisa e tenta explicar (conhecer) o espaço produzido pelo homem e, enquanto matéria de ensino, ela permite que o aluno se perceba como participante do espaço que estuda, onde os fenômenos que ali ocorrem são resultados da vida e do trabalho dos homens e estão inseridos num processo de desenvolvimento.

Capítulo 1

Ao abandonar a ideia de ensino conteudista, enciclopédico, para assumir a tendência de um ensino temático-conceitual, entende-se que a função da Geografia na escola é maior que a simples transmissão de conhecimentos e que a inclusão de dados e informações sobre a diversidade do planeta, pois é um ensino que passa a ser fundamentado num quadro teórico-conceitual que, ao mesmo tempo, identifica a disciplina (Geografia) e seu objeto de estudo e instrumentaliza o aluno para a leitura crítica do espaço geográfico atual. Dessa perspectiva, o aluno é estimulado a refletir, ler e compreender sua realidade socioespacial, para poder atuar como sujeito capaz de estabelecer mudanças. Assim, concordamos com Callai (1999, p. 59-60), quando afirma que:

> No mundo atual, cada vez de modo mais intenso, as informações e os meios de comunicação nos permitem ter acesso aos lugares mais distantes. O conhecimento é cada vez mais avolumado e cada vez mais abrangente. De acordo com o que cabe à geografia ensinar, precisamos ter claro como se vai eleger os conteúdos, já que ensinar tudo não é possível, seja pelas condições de duração e quantidade de horas-aula, seja porque é realmente excessivo. Considerando a concepção de geografia que temos e a opção metodológica que adotamos, o critério de seleção/eleição do que estudar não pode ser um critério físico de delimitação de área. Não pode ser geológico-geomorfológico (os continentes). Não pode ser limite de fronteiras (os países). Pelo contrário, o critério deve estar referido ao tipo de fenômeno. E o que deve definir o que vai ser estudado é um "problema", uma "problemática", referente a um assunto, e não a um espaço delimitado. Essa problemática será situada em um determinado espaço que lhe define a área a ser considerada e a sua localização no espaço; num espaço que é produzido pelos homens. E daí a regionalização dos fenômenos tem a ver com o movimento da sociedade, das relações entre os homens e destes com a natureza.

Com base nas reflexões apresentadas aqui, propomos um exercício que tem como objetivo colocar você no papel de sujeito, dando-lhe a agência de pensar o currículo e o papel do ensino da Geografia na educação básica.

> **Sugestão de exercício**
>
> O desafio é que você analise a proposta curricular oficial da escola em que atua ou do município/estado em que vive. Em seguida, apresente sua análise para seus colegas, identificando possíveis lacunas sobre os temas e conceitos que devem compor o ensino da Geografia na escola, necessários para a compreensão do espaço geográfico.

Se você sentir dificuldades em desempenhar esse papel, mesmo sendo professor de Geografia, não se aflija. A proposta deste texto é discutir essa dificuldade e contribuir para sua superação.

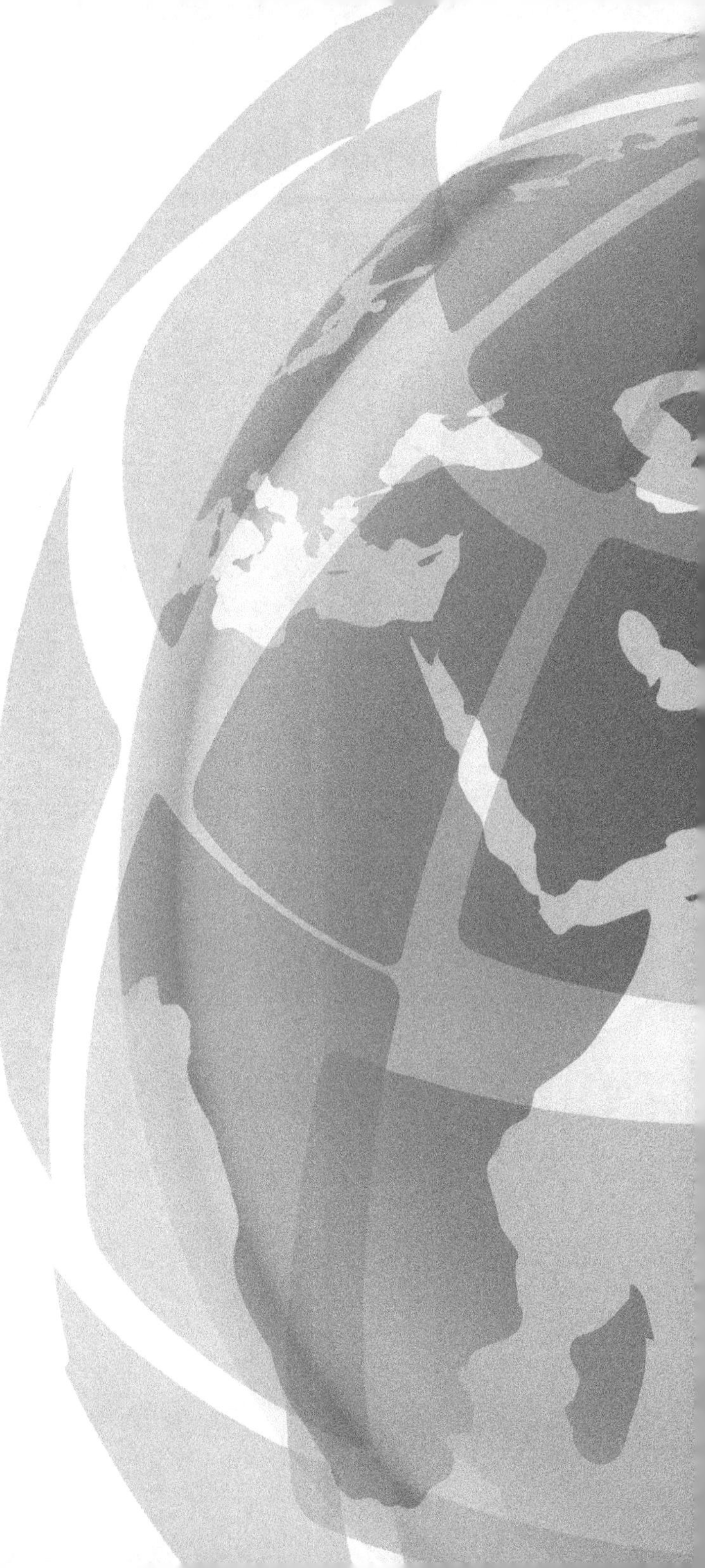

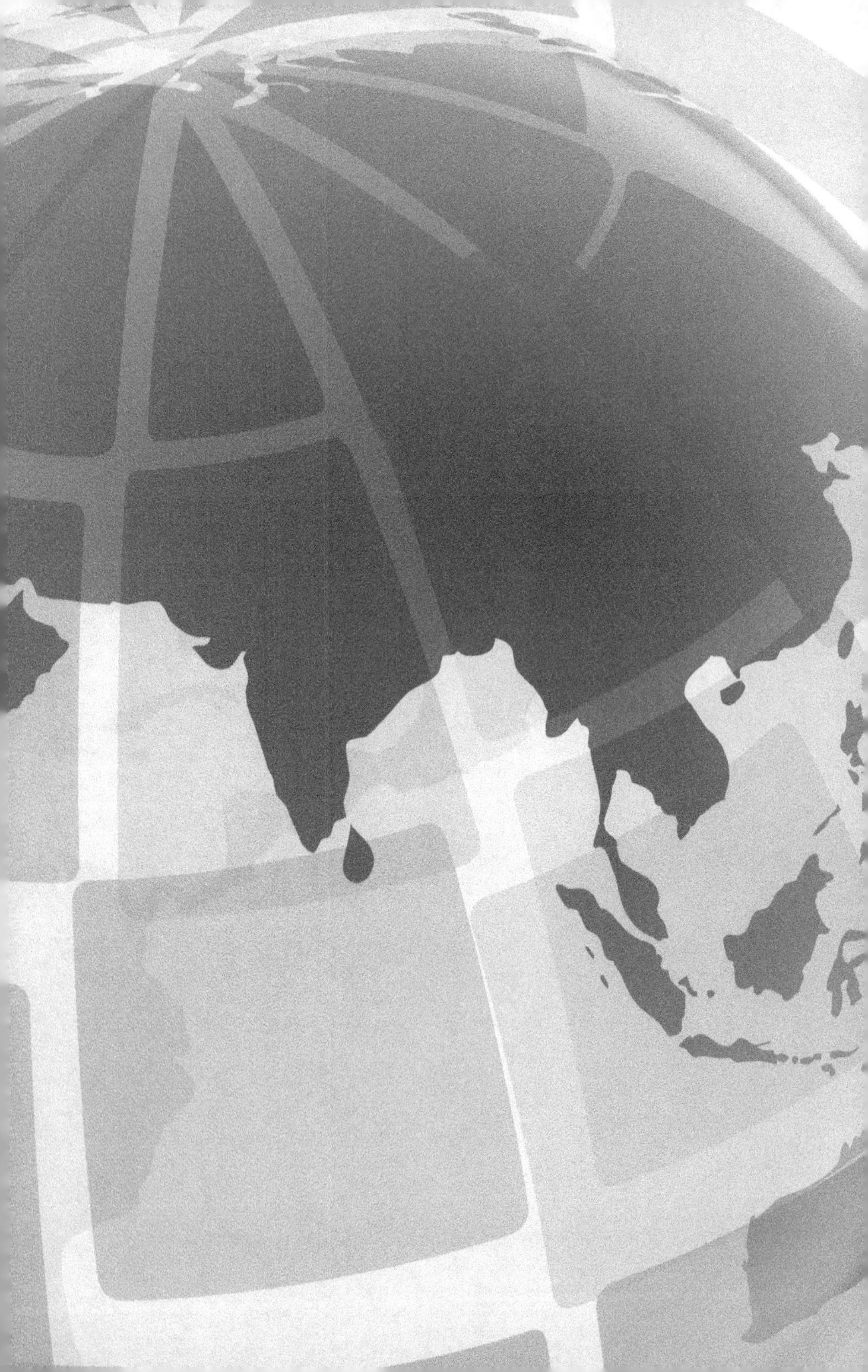

Fundamentos necessários para a análise do texto didático em Geografia

Ao pensarmos em analisar textos didáticos de Geografia, muitas questões surgem como preocupações que antecedem a possibilidade de tal análise. Afinal, o que a Geografia estuda? Qual é o seu papel no currículo da educação básica? Qual é a sua trajetória como ciência e como disciplina escolar?

Essas questões nos remetem a reflexões, de alguma forma já mencionadas, sobre a identidade da disciplina escolar chamada *Geografia*, seu objeto de estudo, sua abrangência temática e, sobretudo, seus objetivos de ensino. Aventurar-se na análise de textos didáticos sem uma discussão prévia dessas questões é uma temeridade, talvez um esforço em vão.

Nosso argumento é que será preciso, inicialmente, revisitar as condições históricas e políticas que produziram o saber geográfico e o ensino da Geografia. Esse mergulho epistemológico possibilitará a identificação dos pressupostos teórico-metodológicos das diferentes linhas de pensamento da Geografia.

A clareza das diferenças entre as diversas tendências do pensamento geográfico é imprescindível para a análise de qualquer texto relacionado a essa ciência. Cada linha teórico-metodológica da Geografia desenvolveu-se em contextos históricos políticos determinados e, portanto, atendia a interesses relacionados àqueles contextos. Quando o produtor de um texto didático elege uma dessas linhas de pensamento para orientar-se, está elegendo uma postura política que baliza a visão de mundo nele implícita e sua concepção de ensino-aprendizagem.

É preciso lembrar que cada linha de pensamento geográfico construiu um quadro conceitual próprio para a leitura de mundo. Muitos desses conceitos foram ressignificados pelas novas tendências da teoria e do ensino da Geografia. Conhecer essas nuances é pré-requisito para analisar os textos que se apresentam para o professor em livros didáticos, revistas, jornais e na mídia em geral. Esse será o esforço da primeira parte do nosso estudo.

A periodização do pensamento geográfico

Sodré (1977) chamou de *pré-história da Geografia* o período que remonta à Antiguidade Clássica e vai até o final do século XVIII. Nesse período, o conhecimento que hoje chamamos

Capítulo 2

de *Geografia* mapeou todo o planeta e fez um levantamento considerável de dados sobre a superfície terrestre. Desde os relatos dos primeiros viajantes, que não se afastavam muito do Mediterrâneo, até as informações obtidas a partir das Grandes Navegações, esse saber trouxe à luz as singularidades materiais e culturais dos longínquos territórios e, com elas, as racionalidades de seus habitantes. Estas eram traduzidas pelas formas como cada povo se relacionava com seu meio, sobre suas técnicas de produção, de circulação, de consumo, culturais, políticas, entre outras, sempre explicativas do espaço geográfico. Então, podemos dizer que o que hoje chamamos de *Geografia*, desde antes de ser considerado ciência, ao descrever espaços e sociedades – exóticos ou não, soberanos ou coloniais –, revelava diferentes "meios técnicos" (Santos, 1985). Para dizer de forma simplificada, aqueles estudos revelavam diferentes paisagens[1].

No que se refere ao surgimento da Geografia como ciência, Andrade (1987) afirma que é possível pensar, arbitrariamente, em três períodos distintos: "Um primeiro período em que pontificaram os institucionalizadores desta ciência, ao qual se seguiu outro de consolidação e de difusão do conhecimento geográfico, a que chamamos de período clássico, e em seguida, após a Segunda Guerra Mundial, teríamos o período moderno" (Andrade, 1987, p. 63[2]).

Para os interesses deste texto, importa analisar o pensamento geográfico científico que sistematizou o discurso e o ensino da Geografia. Por isso, da periodização de Andrade (1987),

---

[1] O conceito de *paisagem* será discutido posteriormente neste texto. Contudo, é importante esclarecer que, aqui, ele é usado no mesmo sentido que o fazia a ciência geográfica emergente do final do século XIX.

[2] Nessa classificação, Andrade (1987) considera que a principal característica do pensamento geográfico no período clássico foi o abandono do racionalismo, próprio dos institucionalizadores da Geografia, que buscavam a generalização, leis que explicassem as diferenças das paisagens existentes na superfície da Terra. Como exemplo de autores racionalistas que buscavam tal generalização, é possível citar Humboldt e Ratzel.

discutiremos os fundamentos teórico-metodológicos do que ele chamou de Geografia clássica e de Geografia moderna³.

A Geografia clássica: condições históricas e discurso teórico-conceitual

A Geografia clássica (também chamada de Geografia tradicional) surgiu no final do século XIX e decaiu em meados do século XX. Nesse período, foram criados os primeiros cursos superiores para formação de professores de Geografia, embora esta já fosse conteúdo escolar há algum tempo.

O período histórico em que a Geografia "nasceu" como ciência moderna (Moraes, 1987) foi marcado pelas forças imperialistas que regiam, política e territorialmente, boa parte do planeta. Os arranjos territoriais eram organizados para atender aos interesses dos grandes impérios europeus, tanto na Europa como nos continentes colonizados ou em vias de colonização. A organização territorial mundial daquele período era fortemente compartimentada (Santos, 2000)⁴.

Os interesses imperialistas moviam-se pelas vantajosas trocas comerciais entre metrópole e colônia. Essas vantagens

---

3 Tanto Andrade (1987) quanto os outros autores afirmam que essas classificações são inexatas e correm o risco de cometer erros e/ou simplificações extremas. Contudo, para os objetivos deste trabalho, podem ser consideradas adequadas. Ver: SANTOS, M. *Por uma Geografia Nova*. São Paulo: Hucitec, 1986. OLIVEIRA, A. U. A Geografia agrária e as transformações territoriais recentes no campo brasileiro. In: CARLOS, A. F. A. *Novos Caminhos da Geografia*. São Paulo: Contexto, 1999.

4 O autor entende por *espaço compartimentado* aquele em que a autonomia e a soberania dos estados-nação são realidades intraterritoriais e extensivas às suas colônias. Há o sentido de território dividido, mas com soberania em cada uma de suas partes e garantia do uso de técnicas e arranjos socioespaciais próprios.

econômico-comerciais apoiavam-se na coexistência mundial de diferentes arranjos socioespaciais, o que, por sua vez, reafirmava identidades regionais surgidas das diferenças naturais, culturais, étnicas e também técnico-científicas. Dito de outra forma, as paisagens regionais eram fortemente diferenciadas ao longo do planeta. Cada continente, cada colônia e/ou país caracterizava-se pelos traços culturais, naturais e técnicos de suas terras e de suas gentes.

Apesar da emergência do fato industrial, que começava a marcar as paisagens de algumas regiões em determinados países, isso dava-se de forma muito localizada e tímida. Eram os primeiros passos da ainda longínqua internacionalização da indústria. Havia, ainda, entre os estados nacionais, autonomia e soberania territorial, o que possibilitava a coexistência de diferentes sistemas técnicos (mesmo entre metrópoles e colônias), resultando em diferentes e particulares paisagens e organizações socioespaciais nos diversos lugares do mundo. Nesse contexto, a Geografia desempenhava sua função essencial, estratégica e política: inventariar e catalogar (Foucault, 1985, p. 163)[5].

Foi na Alemanha e na França que se desenvolveram as primeiras teorias da Geografia capazes de influenciar o pensamento geográfico do Ocidente. Os discursos geográficos alemão e francês coincidiram com os interesses dos respectivos estados.

No caso da Alemanha (país recém-unificado), era necessário que o discurso geográfico justificasse a necessidade de conquista de territórios coloniais e de mais espaço na Europa. Por isso, a Geografia alemã argumentava que, quanto mais civilizado um povo, mais intenso o uso do meio (Ratzel, 1990) – mediante o domínio das técnicas de produção – e maior a necessidade de espaço. Esses povos civilizados conseguiam organizar um Estado, os demais eram chamados

---

5 "Os viajantes do século XVII ou os geógrafos do XIX eram na verdade agentes de informações que coletavam e cartografavam a informação, informação que era diretamente explorável pelas autoridades coloniais, os estrategistas, os negociantes ou os industriais" (Foucault, 1985, p. 163).

povos naturais[6]. Ao Estado, cabia defender o território e lutar por mais espaço (vital). As conquistas territoriais eram, então, próprias dos povos civilizados em busca do espaço vital, condição de continuidade do progresso e, ao mesmo tempo, de expansão dos frutos da civilização (Ratzel, 1990, p. 121).

> Quando o povo que cresce rapidamente volta sua energia superabundante sobre outros, prevalece por si só a influência da civilização mais elevada, que foi a causa ou a condição do maior aumento. Desse modo a difusão da civilização se nos apresenta como um processo de expansão dos povos civilizadores sobre a Terra, que vai se acelerando a partir de si mesmo e tem o fim e o propósito, e a esperança, e o desejo de realizar, de modo cada vez mais completo, a pressuposta unidade do gênero humano. (Ratzel, 1990, p. 121)

A Geografia vinculou o conceito de **TERRITÓRIO**, de caráter político, ao conceito (pretensamente) científico de **ESPAÇO VITAL**. Esse vínculo gerou representações coletivas sobre a questão territorial que entenderam a empreitada colonialista como natural e necessária. A colônia era considerada economia complementar e extensão do espaço metropolitano. Sua população nativa, com "conquistas cultas" inferiores, era recurso natural incluso no território conquistado (Moraes, 1991).

Na educação escolar, o conceito de território foi marcado por um viés político, que entendia o colonialismo como natural e inevitável. Tanto que este tema – colonialismo – não era questionado pelos livros didáticos do início do século XX, ao contrário, era tratado com naturalidade.

Da mesma forma, a prática estatal colonialista era entendida como necessária, tanto aos colonizadores – para expansão da

---

6 "Assim são chamados aqueles povos que estão majoritariamente submetidos ao domínio da natureza ou dependem desta mais do que os povos civilizados" (Ratzel, 1990, p. 122).

produção capitalista – quanto aos colonizados – povos cuja civilização situava-se em grau inferior, beneficiados por tal prática.

O conceito de *território*, desenvolvido sob as perspectivas científicas já mencionadas, ignorava as lutas e resistências dos povos sem Estado. Não reconhecia nem valorizava sua organização socioespacial e suas racionalidades não capitalistas. Enfim, esse conceito tornou-se científico com base em análises etnocêntricas, que desvalorizaram grupos étnicos sociais não europeus.

> Procure, na biblioteca de sua cidade, livros didáticos antigos de Geografia, direcionados para os ensinos fundamental e médio. Os mais indicados são os dos anos de 1940 até os anos de 1960. Selecione pelo menos um trecho do texto em que apareçam as ideias mencionadas aqui.

A construção conceitual da Geografia francesa tomou outros rumos, mas também tinha interesses políticos. Para a Geografia francesa, a superfície terrestre dividia-se em diferentes meios (Gomes, 1996), os quais se formaram por meio de uma série de fenômenos desencadeados por diferentes agentes. O homem é um dos agentes que atuam para mudar a superfície terrestre, e as paisagens são os resultados de todas as atuações. A paisagem (o meio) é composta pelo relacionamento harmonioso dos elementos naturais (clima, vegetação, relevo, solo, fauna etc.) com o homem. Este é um agente que, por um lado, adapta-se a essas condições naturais (em termos biológicos) e, por outro, utiliza os elementos do meio em seu benefício, por meio de técnicas que ele é capaz de desenvolver. Em última análise, a paisagem é o aspecto visível de um gênero de vida[7]

---

[7] O conceito de *gênero de vida* "concebia o homem como hóspede antigo de vários pontos da superfície terrestre, que em cada lugar se adaptou ao meio que o envolvia, criando no relacionamento [...] com a natureza um acervo de técnicas, hábitos, usos e costumes" (Moraes, 1987, p. 69).

e tem, por isso, um enorme valor cultural e histórico (Vidal de La Blache, 1982).

A Geografia francesa ainda argumentava que os diferentes grupos humanos têm suas necessidades condicionadas pela natureza e buscam nela os materiais para suprir essas necessidades. A natureza, diversificada ao longo da superfície terrestre, obrigou o homem a adaptar-se a ela e ele o fez, criando formas, desenvolvendo "técnicas, hábitos, usos e costumes que lhe permitiram utilizar os recursos naturais disponíveis" (Moraes, 1991, p. 69).

Assim, a capacidade humana de adaptação e transformação limita-se às condições do meio. É assim que se configuram as regiões geográficas.

Em termos teóricos, a região ou paisagem[8] (Corrêa, 1986) é classificada em um estágio de civilização de acordo com a evolução do gênero de vida que a produziu. À Geografia caberia estudar exaustivamente cada uma delas, descrevendo-as detalhadamente, delimitando-as e comparando-as.

Assim, a metodologia descritiva seria a mais adequada para os estudos geográficos. A esse respeito, três aspectos devem ser observados:

1. Inicialmente, quanto mais detalhadas as descrições das regiões geográficas, maior a caracterização do que lhes é singular e do que pode ser análogo a outras. O método descritivo utilizado pelo pensamento geográfico fez da Geografia uma ciência para inventariar e catalogar as riquezas naturais dos diversos lugares e regiões a serem colonizados; funções políticas e estratégicas que, naquele período histórico, estavam a serviço dos interesses capitalistas do Estado colonialista.
2. Em segundo lugar, a região, como unidade do estudo geográfico, tornou-se um dos mais importantes paradigmas da Geografia humana

---

8 "A região geográfica abrange uma paisagem e sua extensão territorial, onde se entrelaçam de modo harmonioso componentes humanos e natureza. [...] Região e paisagem são conceitos equivalentes ou associados, podendo-se igualar na Geografia possibilista, Geografia regional ao estudo da paisagem" (Corrêa, 1986, p. 28).

(Santos, 1986) e um conceito de grande utilidade política, tanto para a gestão do espaço nacional quanto para a exploração colonial.
3. E, finalmente, a busca das singularidades dos lugares criava a "região-personalidade". A região delimitada ganhava personalidade e tornava-se sujeito. Essa característica era aproveitada politicamente. Conforme afirma Lacoste (1988, p. 65), essa região

> forneceu a garantia, a própria base, de todos os geografismos que proliferam no discurso político. Por "geografismos" eu entendo as metáforas que transformam em forças políticas, em atores ou heróis da história, porções do espaço terrestre [...]. Exemplos [...] "a Lorena luta, a Córsega se revolta, a Bretanha reivindica, o Norte produz isto ou aquilo, Paris exerce tal ou tal influência, Lyon fabrica etc.".

A busca das singularidades das regiões (Lacoste, 1988) e sua consequente transformação em região-personagem criou e/ou reforçou identidades regionais que se tornavam dados empíricos, científicos e divulgados pelo ensino escolar[9]. Essas identidades, por um lado, facilitavam as relações políticas e econômicas das regiões reconhecidas como prósperas, civilizadas, mas, por outro, causavam desvantagens para as regiões rotuladas como *primitivas, atrasadas*.

O conceito de região serviu de justificativa à ideia de que aos povos das áreas consideradas "mais civilizadas" caberia o direito e, ao mesmo tempo, o compromisso de explorar meios geográficos distintos, distantes dos seus, beneficiando-se e levando benefícios aos povos menos civilizados dessas regiões onde o homem ainda não sabia como fazer o meio revelar-se para si.

Foi com a marca da escola francesa que a chamada *Geografia clássica* (ou tradicional) entendeu o que era a ciência

---

9 O autor refere-se ao conceito lablachiano de região como um "conceito obstáculo", na medida em que possibilitava apenas um tipo de construção e de análise da realidade regional: a da região autônoma, independente, própria de territórios compartimentados.

da descrição. Descrever detalhadamente, à exaustão, as diferentes paisagens/regiões do planeta era sua tarefa científica. Não se preocupava em buscar leis que explicassem todas as paisagens da Terra. Queria identificar, caracterizando o que havia de particular em cada parte do planeta. Então, para a Geografia clássica, o "método" era a descrição detalhada, os conceitos centrais desenvolvidos eram paisagem e região.

Nos currículos, nos livros didáticos e na sala de aula, o conceito de região marcou o ensino da Geografia por muitas décadas. A racionalidade científica foi incorporada pela pedagogia. O ensino das regiões recebia uma abordagem descritiva e compartimentada, entendendo a *região* como um organismo autônomo, caracterizado internamente pela relação entre fatores naturais e socioculturais próprios, como: clima, vegetação, relevo, hidrografia, origem étnica predominante, religião, língua oficial, países e capitais, portos etc., e também pelos principais produtos explorados pelo setor primário, produzidos pelo secundário, e o destino a eles dados. Estudados todos os detalhes de uma região, partia-se para a análise de outra considerando a primeira, conteúdo visto, aprendido e superado. O ensino assumiu o mesmo método da pesquisa: estudar o espaço geográfico compartimentado.

Sugestão de pesquisa

- Procure nas bibliotecas de sua cidade livros de Geografia escritos nas primeiras décadas do século XX. Analise-os e identifique como eles abordam os conceitos de **TERRITÓRIO**, **REGIÃO** e **PAISAGEM**.
- Compare essa abordagem com outras mais recentes, presentes em livros de Geografia atuais, editados nos últimos dez anos.

Capítulo 2

▶ O pensamento da Geografia clássica no Brasil

Nas primeiras décadas do século XX, no Brasil, o ensino da Geografia fazia apologia ao Estado (república recente), enaltecia as grandezas naturais do território brasileiro e ajudava a construir o nacionalismo patriótico (Vlash, 1990).

Em nosso país, a Geografia só foi considerada conhecimento científico a partir de 1920, com os trabalhos de Delgado de Carvalho. Até aquele momento, o território brasileiro era pensado e discutido geograficamente com base em uma compartimentação em regiões produtivas – a região do café (SP), a região algodoeira (Nordeste), a região celeiro (RS). Esse enfoque regional foi considerado perigoso para os interesses políticos da República Velha, pois poderia trazer à tona discussões indesejadas sobre geopolítica e exploração do trabalho (Vlash, 1995).

De encontro com essa preocupação, Delgado de Carvalho propôs uma Geografia científica, que caracterizava regionalmente o território brasileiro mediante suas unidades naturais. A regionalização do país deveria partir dos aspectos físicos, pois estes garantiam as especificidades dos lugares sem deixar de falar do homem, porém relegando-o a segundo plano, desvinculando-o do espaço e do tempo históricos. Ao evidenciar a natureza como parte das grandezas do país, atingiu de um só golpe dois objetivos importantes: 1. encobrir a luta de classes entre a elite agrária do início do século XX e a burguesia urbano-industrial emergente; 2. usar o sentimento de amor à terra natal para promover o trabalho em benefício da riqueza da nação, que nesse momento era sinônimo de Estado.

Essa orientação refletiu-se no ensino da Geografia, que se consolidou (nesse período) com base no ideal nacionalista patriótico. Adotou termos pouco comprometidos, como "país", que dá ideia de território físico, em vez de usar "Estado-nação", que é um conceito histórico. Deu ao verbo *governar* o sentido de "administrar", e não de "fazer política". Ou seja, ajudou a construir a ideia de progresso a serviço do Estado e manteve-se à direita do projeto de modernização brasileira, caracterizando-se como um saber técnico e apolítico. Assim, a Geografia brasileira tomou o caminho da legitimação via discurso a favor dos interesses hegemônicos.

A Geografia moderna: condições históricas

A renovação do pensamento geográfico iniciou-se após a Segunda Guerra Mundial e continua até hoje. Essa renovação, algumas vezes, deu-se pela reforma e, outras, pela tentativa de revolução do pensamento geográfico, mas, em ambos os casos, está relacionada com as mudanças políticas, econômicas e tecnológicas que alteraram as relações socioespaciais em todas as escalas.

A tendência capitalista de globalizar-se, uma realidade ainda em construção, acelerou-se muito com os avanços tecnológicos do pós-guerra, causando impacto principalmente nos setores de serviços, comunicações e informações. Essa tecnologia facilitou a administração industrial a distância e, com isso, a industrialização, a intensa urbanização e a mecanização agrícola atingiram as mais diversas áreas do planeta. Esse fato, por sua vez, acelerou a mundialização da produção, das trocas, do capital, do mercado, e permitiu a realização da mais-valia das firmas em lugares distantes, tornando-as elos de uma cadeia global.

Com a progressiva internacionalização da produção e das trocas comerciais, a concorrência entre os países no atual período histórico deixou de basear-se nas possessões coloniais e suas vantagens comerciais, como o era antes da Segunda Guerra Mundial, e passou a depender do domínio do conhecimento tecnológico.

As relações econômicas mundializadas pelos sistemas técnicos e regulamentadas pela política do pós-guerra acirraram as desigualdades entre países polo (com alto domínio científico-tecnológico) e países pobres chamados de *Terceiro Mundo*, *subdesenvolvidos* ou, atualmente, denominados *países em desenvolvimento*. As decisões sobre os arranjos socioespacias dos lugares passaram a ser tomadas em espaços distantes. A autonomia política e a soberania territorial foram, aos poucos, cedendo lugar aos interesses das grandes empresas multinacionais, portadoras das novas técnicas, para os locais nos quais eram acolhidas.

Em decorrência de todas essas mudanças, a teoria da Geografia clássica estava definitivamente defasada. Não era mais possível pensar em regiões-personalidade ou em paisagens culturais, pois a tendência à mundialização da produção e do consumo, que, aos poucos, incluiria também a cultura, apontava para um espaço mundializado, interdependente.

A partir da Segunda Guerra, com a instalação das primeiras empresas multinacionais em países subdesenvolvidos, iniciava-se um novo período de relações sócio-econômico-espaciais no mundo. De acordo com Vesentini (1995) e Moraes (1987), a partir desse momento começou a primeira crise da Geografia, que até então era uma ciência descritiva, compartimentada, dependente de outras ciências sobre as quais avançava para dar conta da explicação de seu temário.

Com as mudanças do novo período histórico (inclusive no Brasil), o território tornou-se definitivamente mercadoria, constantemente reconstruído, necessário para o movimento do capital, e a ideologia patriótica e nacionalista perdeu rapidamente importância para o discurso internacional.

Esse contexto não era privilégio brasileiro. Ele valia para o mundo todo. Nas palavras de Vesentini (1995, p. 20):

> Com a evolução tecnológica, a descolonização, as alterações na divisão internacional do trabalho, em suma, com a reprodução em nível mundial da relação capital/trabalho assalariado, o espaço continente (cartografável, concreto, contínuo...), objeto por excelência das descrições e explicações geográficas, perdeu sua importância (inclusive ideológica). O espaço mundial de hoje é descontínuo, limitado pela economia ou pela política (aliás, inseparáveis), móvel e difícil de ser cartografado ou captado por meras descrições.

Vesentini (1992) entende esse período histórico como o resultado da alteração do papel do Estado-nação. Para o referido autor, o aparente enfraquecimento do Estado diante do princípio de mercado e do capital internacional, mais o surgimento de "Estados Supranacionais", foram fatores que alteraram a função social da Geografia e desencadearam uma crise nessa disciplina na Academia e na escola. Essa crise, segundo aquele autor, levou a três caminhos diferenciados, quais sejam: o da especialização da Geografia em diversos ramos de estudo e pesquisa; o da renovação das teorias da Geografia e o da formulação de uma Geografia crítica.

A ESPECIALIZAÇÃO DA GEOGRAFIA veio em busca da recuperação de um *status* de ciência que estava se perdendo. A Geografia tradicional, compartimentada, descritiva, não conseguia mais explicar o espaço, e o discurso nacionalista enaltecedor da pátria não era mais prioridade, então, a primeira saída foi a busca de especialização nos diferentes ramos geográficos. Surgiram os especialistas em geomorfologia, climatologia, biogeografia etc. Essa especialização extrema aprofundou a compartimentação (que antes era apenas entre Geografia física e Geografia humana) e tinha potencial para levar ao fim da Geografia. Entretanto,

Capítulo 2

manteve-se mais ligada à pesquisa. No entanto, seria ingenuidade ou descuido acreditar que essa saída tangencial pela especialização não deixou suas marcas no ensino escolar.

Apenas como ilustração, cabe lembrar que a seleção dos conteúdos escolares tem uma relação muito próxima com os conteúdos acadêmicos das diferentes disciplinas. Essa transposição de conteúdos acadêmicos para conteúdos escolares acontece na Geografia (como em outras ciências) e, portanto, a especialização que aprofundou a fragmentação do conhecimento geográfico ecoou na escola, pois houve miniaturização dos conteúdos desses novos "ramos" da Geografia, tornando-a, para o aluno, uma matéria ainda mais difusa e pouco objetiva.

> **Sugestão de atividade**
>
> Pesquise, nos sumários de antigos livros didáticos de Geografia para o nível equivalente ao atual ensino médio, a presença de capítulos inteiros dedicados à classificação climática do planeta, à formação geológica dos continentes, à astronomia, à geomorfologia etc. Registre os títulos dos livros, nomes dos autores, ano da primeira edição. Verifique as coincidências caso elas ocorram.

O segundo caminho, o da RENOVAÇÃO DAS TEORIAS DA GEOGRAFIA, levou ao surgimento da chamada *Geografia utilitária e do planejamento*. Aliou-se aos interesses da empresa e do Estado realizando estudos e pesquisas que visavam à reprodução do capital. Nessa linha da renovação da ciência geográfica, destacou-se a chamada *Geografia quantitativa*, cuja associação com a linguagem matemática garantida uma revalorização da Geografia como ciência, pois no período tecnocientífico iniciado logo após a Segunda Guerra, os dados estatísticos agregavam valor e credibilidade às pesquisas.

Assim, a Geografia quantitativa ajudou o capital e o Estado por meio de pesquisas que apresentavam dados estatísticos sobre sociedade e natureza, dos diversos lugares e regiões do Brasil, dados necessários ao redimensionamento do crescimento econômico. Participou, dessa forma, do planejamento do novo momento histórico – a expansão multinacional do capital.

Na academia, o reflexo dessa "renovação conservadora" se fez notar por meio de uma revisão nos procedimentos metodológicos. De acordo com Andrade (1987, p. 107):

> Condenou, no ensino, o uso das excursões, das aulas práticas de campo por achar desnecessária a observação da realidade, substituindo o campo pelo laboratório, onde seriam feitas as medições matemáticas, os gráficos e tabelas sofisticadas, procurando visualizar a problemática através de desenhos e diagramas.

Na escola, essa renovação do pensamento geográfico teve pouca influência inicial. Durante muito tempo após a Segunda Guerra, os pressupostos teóricos da Geografia clássica ainda balizavam o que hoje chamamos de *ensino fundamental* e *ensino médio*, com algumas variações sutis. As regiões e as paisagens já não eram consideradas dados absolutos e autônomos. Ganhavam uma certa interdependência e eram considerados conceitos secundários. Pela primeira vez a Geografia adotava como conceito principal o espaço, pois era impossível ignorar as relações (sobretudo comerciais e econômicas) entre as diversas regiões do planeta como fundamentais na explicação de seus espaços geográficos. Porém, isso era feito sem questionar nem discutir as desigualdades e explorações que sustentam o modo capitalista de produção.

Sob esse mesmo enfoque, a quantificação e a estatística passaram a aparecer paulatinamente nos livros didáticos, ilustrando alguns temas por eles abordados. No entanto, para ter relevância no estudo do espaço geográfico, é preciso que as

Capítulo 2

análises quantitativas sejam orientadas por objetivos claros. Levantar dados numéricos sobre um lugar e não discuti-los é uma prática pouco produtiva, pois não constrói conhecimento. Infelizmente, no ensino da Geografia, a quantificação não desempenhou um papel crítico. Tornou-se, sim, mais um conjunto de dados que os alunos deveriam memorizar.

Não estamos fazendo um discurso contra o uso da matemática e da estatística como instrumento de apoio à pesquisa geográfica. A estatística pode ser um bom instrumento de análise da organização socioespacial, desde que acompanhada de uma análise crítica e muito bem contextualizada sobre os dados apresentados numericamente. Sobre isso, e a título de ilustração, lembramos que, na maioria dos livros didáticos que traziam informações estatísticas sobre a pirâmide etária dos países, as taxas de natalidade e mortalidade, o crescimento vegetativo da população, não eram discutidas as questões políticas que envolvem os programas de controle da natalidade, ou a ausência deles. Daí nosso argumento: a quantificação por ela mesma não tem valor explicativo da realidade.

Com base em todas essas colocações, Vesentini (1995) afirma que foi pelo papel social da Geografia no sistema escolar que ela teve sua função de pesquisa legitimada. Ou seja, tornou-se reconhecidamente uma ciência devido ao fato de ter assumido e propagado, na escola, um discurso atrelado aos interesses da classe dominante.

Esse quadro começou a mudar nos anos de 1960, quando o contexto histórico chamou as ciências humanas para novas reflexões. O fenômeno do subdesenvolvimento, com sua dependência econômica e tecnológica, o socialismo autoritário do Leste Europeu, o uso da tecnologia na guerra, a Guerra Fria, entre outros fatores, desencadearam uma revisão do marxismo e novas críticas ao capitalismo foram elaboradas.

Apresentados os contextos e as características dos dois caminhos desenvolvidos para a superação da crise da Geografia, vamos, então, para o terceiro caminho: o que levou à FORMU-LAÇÃO DA GEOGRAFIA CRÍTICA, que compreende o espaço como social, construído historicamente, pleno de lutas e conflitos sociais. A Geografia crítica trouxe os debates político, social e econômico inicialmente para os conceitos de região, natureza e sociedade, aprimorando-os.

A Geografia crítica ressignificou os conceitos de lugar, paisagem e território. Afirmou que, se etimologicamente *Geografia* significa "descrição da terra", quem a descreve tem a pretensão de explicar, propondo a reflexão crítica e dialética sobre o espaço geográfico. Depois do quadro teórico da Geografia clássica, o discurso da Geografia crítica foi o que mais profundamente atingiu a escola.

Seu quadro teórico-conceitual começou a chegar à escola, com muito entusiasmo e pouca clareza, na década de 1970. No Brasil, essa chegada só aconteceu nos anos de 1980, com o fim da ditadura militar. As propostas curriculares e os manuais didáticos, desde então, são testemunhas do esforço na elaboração de conceitos que aproximassem o materialismo dialético da temática espacial. Porém, sua dificuldade de formação de um quadro conceitual próprio, que não a submetesse à história nem a confundisse com a sociologia, levou-a a um descompasso.

> Eu creio que a Geografia crítica criticou a forma como se trabalhavam as categorias como paisagem e região, mas também jogou fora a necessidade de continuar elaborando estas categorias. Em vez de refazer os conceitos, preferimos dizer: "Não é importante trabalhar a paisagem, não é tão importante trabalhar a região". (Santos, 1996b, p. 173)[10]

Tentando superar aquela dificuldade, a discussão sobre o seu objeto de estudo e a formação de um quadro teórico-conceitual

---

[10] Nessa fala, o autor estava criticando a falta de epistemologia da Geografia crítica, apesar de mais de duas décadas de seu surgimento.

têm sido o esforço da ciência geográfica nas últimas décadas. Como consequência imediata, sua identidade vem surgindo paulatinamente como saber científico e saber escolar. Falemos um pouco dessa construção conceitual.

O conceito geográfico fundamental para a Geografia crítica é o **ESPAÇO**, inicialmente entendido como um "receptáculo de contradições sociais ou um espelho externo da sociedade" (Corrêa, 1995, p. 25). Esse pressuposto dava à Geografia uma posição de ciência secundária, derivada da história e da sociologia.

A partir dos anos de 1980, a Geografia crítica esforçou-se no sentido de dar uma "dimensão espacial à análise marxista". O espaço passou a ser visto como "reprodutor de desigualdades e condição de sua superação [...] parte [da] dialética social que o funda" (Gomes, 1996, p. 297). O conceito-chave da Geografia tornou-se o espaço social, entendido não apenas como "instrumento político, um campo de ações de um indivíduo ou grupo. [...] mais que isto, engloba esta concepção e a ultrapassa" (Corrêa, 1995, p. 25). Com o aprofundamento das discussões sobre o conceito de espaço, a Geografia crítica inseriu, pela primeira vez no quadro conceitual dessa ciência, o conceito de sociedade.

A ideia de **REGIÃO**, deixada inicialmente em desuso pela Geografia crítica, foi resgatada sob a ótica teórica do marxismo, com a evidência de que fenômenos como a acumulação, a mais-valia e as forças produtivas só podem ser compreendidos numa escala global, e que cada parte do planeta participa dessa totalidade. Assim, o conceito de região reapareceu, nos anos 1980, com a denominação de *áreas de desenvolvimento espacial desigual e combinado*.

O conceito de **PAISAGEM** não tinha, para a Geografia crítica, a mesma importância e centralidade que lhe conferia a abordagem clássica. Para aquela corrente de pensamento, a maneira como esse conceito era definido pela Geografia clássica em nada contribuía para uma análise dialética do espaço. Estava ligado à ideia de observação e de descrição dos aspectos visíveis do espaço geográfico, expressando como se davam as relações homem-meio nas diferentes áreas do planeta, caracterizando-as e diferenciando-as. Então, além dos aspectos empírico e descritivo, a paisagem da Geografia clássica pressupunha uma separação metodológica entre sociedade e natureza, ou entre homem e meio (ideia de paisagem natural e paisagem humanizada). Esse conceito só foi resgatado e reformulado pela Geografia crítica mais recentemente, quando o processo de globalização trouxe uma necessidade indiscutível de revisão de todas as reflexões anteriores sobre o espaço geográfico.

Proposta de pesquisa

- Pesquise, em livros didáticos do ensino médio ou do 6º ao 9º ano do ensino fundamental publicados na segunda metade dos anos de 1980, como aparecem os estudos regionais. Nessa época, ainda coexistiam no mercado livros de Geografia com enfoque clássico e os primeiros com enfoque crítico. Diferencie os critérios com os quais esses autores, com diferentes enfoques teóricos, abordavam a regionalização (do mundo, do Brasil etc.). Sugerimos comparar os livros didáticos de Geografia publicados por Zoraide V. Beltrame, Igor Moreira (na década de 1970) com os de José William Vesentini, Melhem Adas, publicados a partir da década de 1980.

- Analise também se e como o conceito de paisagem aparecia nesses livros. Compare as diferentes abordagens.

- Faça o mesmo exercício com os conceitos de natureza e de sociedade. Como a natureza é abordada nos livros didáticos com enfoque clássico, e se e como ela é abordada nos livros com enfoque crítico? Como a sociedade é abordada em cada tipo teórico de livro? Por quê?

- Identifique qual é o objeto de estudo da Geografia para cada um daqueles autores de livros didáticos, baseando-se nas análises de suas obras. Qual deles lhe pareceu mais claro e objetivo? Qual pareceu menos claro, de difícil compreensão?

Capítulo 2

▶ A Geografia crítica hoje

A revisão conceitual da Geografia crítica precisou ser retomada durante seu processo de evolução. Por um lado, as reflexões teóricas baseadas no materialismo dialético muitas vezes se prenderam à corrente economicista, o que comprometia os seus avanços. Por outro, essa Geografia soube criticar a forma como eram trabalhados os conceitos de paisagem e região, mas demorou a reelaborá-los, e esta é uma tarefa que deve ser contínua, sob pena de se perder o curso da história.

A história não parou, configurando, desde a última década do século XX, um novo período, chamado de *globalização*, que afetou profundamente conceitos e categorias com os quais a Geografia sempre trabalhou. Enquanto a Geografia crítica ainda via com desconfiança os conceitos de paisagem, de lugar e de região, as relações mundiais globalizadas davam a essas instâncias do espaço geográfico novos papéis, novos significados. Constatou-se, então, a necessidade de rever todos os conceitos básicos da Geografia. Cavalcanti (1998) organizou, com base em vários outros autores, uma seleção de conceitos considerados fundamentais para a compreensão do espaço geográfico na atualidade.

> A leitura do mundo do ponto de vista de sua espacialidade demanda a apropriação, pelos alunos, de um conjunto de instrumentos conceituais de interpretação e de questionamento da realidade socioespacial. [...] Esses conceitos – lugar, paisagem, região, natureza, sociedade, território – são considerados como conceitos fundamentais para o raciocínio espacial e são citados (com alguma variação) como elementares para o estudo da Geografia, pelo seu caráter de generalidade. (cf. Silva, 1986, Moreira, 1987, Santos, 1988, Corrêa, 1995). (Cavalcanti, 1998, p. 25-26)

Com a globalização veio uma crescente e intensa artificialização do meio, "uma crescente estandardização e banalização

45

das paisagens culturais" (Cavalcanti, 1998, p. 191-199). A partir dessa realidade, surge a necessidade de rever os conceitos de paisagem e natureza.

O CONCEITO DE NATUREZA vem ganhando um novo significado em função dessa artificialização do meio. A chamada *primeira natureza* (natural) está, cada vez mais, cedendo lugar à segunda natureza, aquela produzida e/ou organizada pelo homem. O meio artificial não predomina apenas na cidade, mas se estende também para o mundo rural. É um processo de artificialização que vai especializando e equipando territórios para que o espaço funcione como uma unidade, para que se globalize. Os espaços mais valorizados são aqueles melhores equipados e especializados (Santos, 1996a).

A ideia de recursos (que uma região tem a oferecer para atrair capital) deixa de vincular-se principalmente à de natureza e passa a identificar-se com o conhecimento técnico-científico mais a presença de equipamentos no lugar. Por exemplo: lugares onde se instalaram infraestrutura para comunicação, estradas, meios de transporte modernos, onde se desenvolveu um polo de pesquisa científica etc. podem ser afastados de grandes centros urbanos, sem atrativos naturais, mas serão muito valorizados e atrairão investimentos do capital.

Dessa maneira, o conceito de natureza, no atual período técnico, perde a força e a importância que tinha nos momentos do capitalismo em que os recursos naturais dirigiam interesses locacionais do capital e, mais remotamente ainda, quando a natureza local e a cultura garantiam aos territórios certa autonomia técnica. Vivemos um certo deslocamento do conceito de natureza na Geografia. Ela assume uma importância relativa como recurso produtivo quando comparada ao conhecimento científico e aos equipamentos.

Na retomada do CONCEITO DE PAISAGEM, o aspecto empírico herdado da Geografia clássica foi mantido, sendo agora entendido como "o domínio do visível, aquilo que a vista abarca.

Não é formada apenas de volume, mas também de cores, movimentos, odores, sons etc." (Santos, 1988, p. 61). Contudo, hoje a Geografia crítica reconhece a dimensão subjetiva da paisagem, já que o domínio do visível está ligado à percepção e à seletividade, mas acredita que seu significado real é alcançado pela compreensão de sua objetividade.

> Nossa tarefa é a de ultrapassar a paisagem como aspecto, para chegar ao seu significado. [...] a paisagem é materialidade, formada por objetos materiais e não materiais. [...] fonte de relações sociais [...] materialização de um instante da sociedade. [...] O espaço resulta do casamento da sociedade com a paisagem. O espaço contém o movimento. Por isso, paisagem e espaço são um par dialético. (Santos, 1988, p. 71-72)

A paisagem é percebida sensorialmente, empiricamente, mas não é o espaço, é a materialização de um momento histórico. Sua observação serve como ponto de partida para as análises do espaço geográfico, mas é insuficiente para a compreensão desse espaço. Da mesma forma que a paisagem, os demais conceitos geográficos sofreram um processo de revisão desencadeado pelo discurso da globalização.

Santos (1996a) argumenta que o ESTADO ainda é um elemento importante na organização do espaço geográfico, ao contrário daqueles que falam do seu fim. Afirma que a soberania nacional está abalada, e não o Estado, cada vez mais indispensável diante da multinacionalização de organizações e indústrias.

O que se redefine no atual período técnico e histórico são as relações entre as porções territoriais do espaço nacional com as empresas multinacionais. Essa redefinição afeta e modifica os conceitos de região e de lugar. Sobre *região*, Santos (1988, p. 196) lembra que:

> No decorrer da história das civilizações, as regiões foram configurando-se por meio de processos

orgânicos, expressos através da territorialidade absoluta de um grupo, onde prevaleciam suas características de identidade, exclusividade e limites, devidas à presença desse grupo, sem outra mediação. A diferença entre áreas se devia a essa relação direta com o entorno. Podemos dizer que, então, a solidariedade característica da região ocorria, quase que exclusivamente, em função de arranjos locais.

Contrário à argumentação de que a globalização tende a eliminar as diferenças regionais do planeta, homogeneizando os espaços e tornando obsoleto o conceito de região, Santos (1988) afirma que, no mundo globalizado, onde as trocas são intensas e constantes, a forma e o conteúdo das regiões mudam rapidamente.

Gomes (1995), nessa mesma linha de análise, afirma que não é aconselhável esquecer o fundamento político do conceito de região, que se baseia no controle e na gestão de um território. Em suas palavras:

> Se hoje o capitalismo se ampara em uma economia mundial não quer dizer que haja uma homogeneidade resultante desta ação. Este argumento parece tanto mais válido quanto vemos que o regionalismo, ou seja, a consciência da diversidade, continua a se manifestar por todos os lados. O mais provável é que nesta nova relação espacial entre centros hegemônicos e as áreas sob suas influências tenham surgido novas regiões ou ainda se renovado algumas já antigas. (Gomes, 1995, p. 72)

O CONCEITO DE LUGAR é um dos mais ricos do atual período técnico. Pode ser compreendido, ao mesmo tempo, com base em diferentes enfoques, numa mesma perspectiva teórica. Por um lado, é no lugar que a globalização acontece. É "um fragmento do espaço onde se pode apreender o mundo moderno" (Carlos, 1996, p. 28). O lugar, cada vez mais, participa das redes e deixa de explicar-se por si mesmo. Ganhou novos conteúdos, principalmente técnicos, que hoje definem suas condições de existência com maior pertinência do que os elementos naturais que lhe fazem parte. Nessa relação com o global, o lugar traz a discussão dos conceitos de território, natureza, técnica, política, entre outros, tão ricos e necessários às análises mais amplas do espaço geográfico.

Por outro lado, o lugar é o espaço onde o particular, o histórico, o cultural e a identidade permanecem presentes. Ele revela especificidades, subjetividades, racionalidades próprias do espaço banal (Santos, 2000)[11]. De qualquer forma, não se trata mais do lugar autônomo, onde a existência era construída pelas relações técnicas e culturais do grupo social com o meio natural local. Hoje, o particular e a identidade dos lugares tornam-se visíveis e singulares diante de sua relação com o universal, ao qual estão conectados pelos sistemas técnicos da informação.

Diante dessas reflexões sobre o atual período técnico e a organização do espaço geográfico, é possível perceber uma valorização intensa do **CONCEITO DE TERRITÓRIO**, sobretudo pela conotação política que esse conceito denota, mas também pela necessidade de sua discussão aprofundada ante à fragmentação do espaço geográfico causada pela globalização.

O território está ligado à normalização das ações, tanto globais quanto locais. Porém, as ações globais só podem realizar-se localmente, pois dependem dos sistemas de objetos técnicos, instalados nos territórios. Enquanto a razão global tenta criar um governo global – que, de acordo com Santos (1996a), hoje é representado pelo FMI e pelo Banco Mundial – para intervir nos espaços locais em benefício das grandes empresas, é no lugar e no território que os instrumentos de regulação são constituídos. No território, portanto, seja ele nacional, regional ou local, é que acontecerá a relação dialética de associação e confronto entre o lugar e o mundo (Santos, 1996a).

---

[11] O espaço banal é entendido pelo autor como o espaço de todos, aquele em que convivem a lógica local e a lógica global, as horizontalidades e as verticalidades.

Para encerrar, mesmo abreviadamente, os apontamentos sobre a construção conceitual para a análise do espaço geográfico da atualidade, cabe a afirmação de Santos (1996a, p. 271) de que "Não existe um espaço global, mas, apenas, espaços da globalização".

As ações globais são desterritorializadas, mas o território faz a mediação entre o global e o local. E no território está a "materialidade, esse componente imprescindível do espaço geográfico, que é, ao mesmo tempo, uma condição para a ação; uma estrutura de controle, um limite à ação; um convite à ação" (Santos, 1996a, p. 257). Essa relação dialética está presente em todos os espaços banais e devolveu ao lugar e ao território um papel de destaque nas análises geográficas.

A revisão conceitual da Geografia crítica apresentada neste estudo demonstra não apenas que os autores desprenderam-se da filiação marxista economicista radical (ao considerar em suas análises a subjetividade, a cultura e outras racionalidades), como também conseguiram revisitar os conceitos elaborados por outras correntes da Geografia, tornando-os instrumentos teóricos para análise do espaço geográfico na atualidade, mantendo-os na perspectiva crítica.

Sugestão de pesquisa

- Escolha três livros didáticos de Geografia de autores diferentes, mas direcionados para a mesma série (sugerimos o 8° ou o 9° ano do ensino fundamental ou qualquer série do ensino médio). Todos devem ser livros recentes.
- Investigue nos textos didáticos de cada livro o significado dado aos conceitos de lugar, paisagem, território e região.
- Há unidade teórica entre os autores? O que isso significa para o professor que vai usar esse material didático em suas aulas?

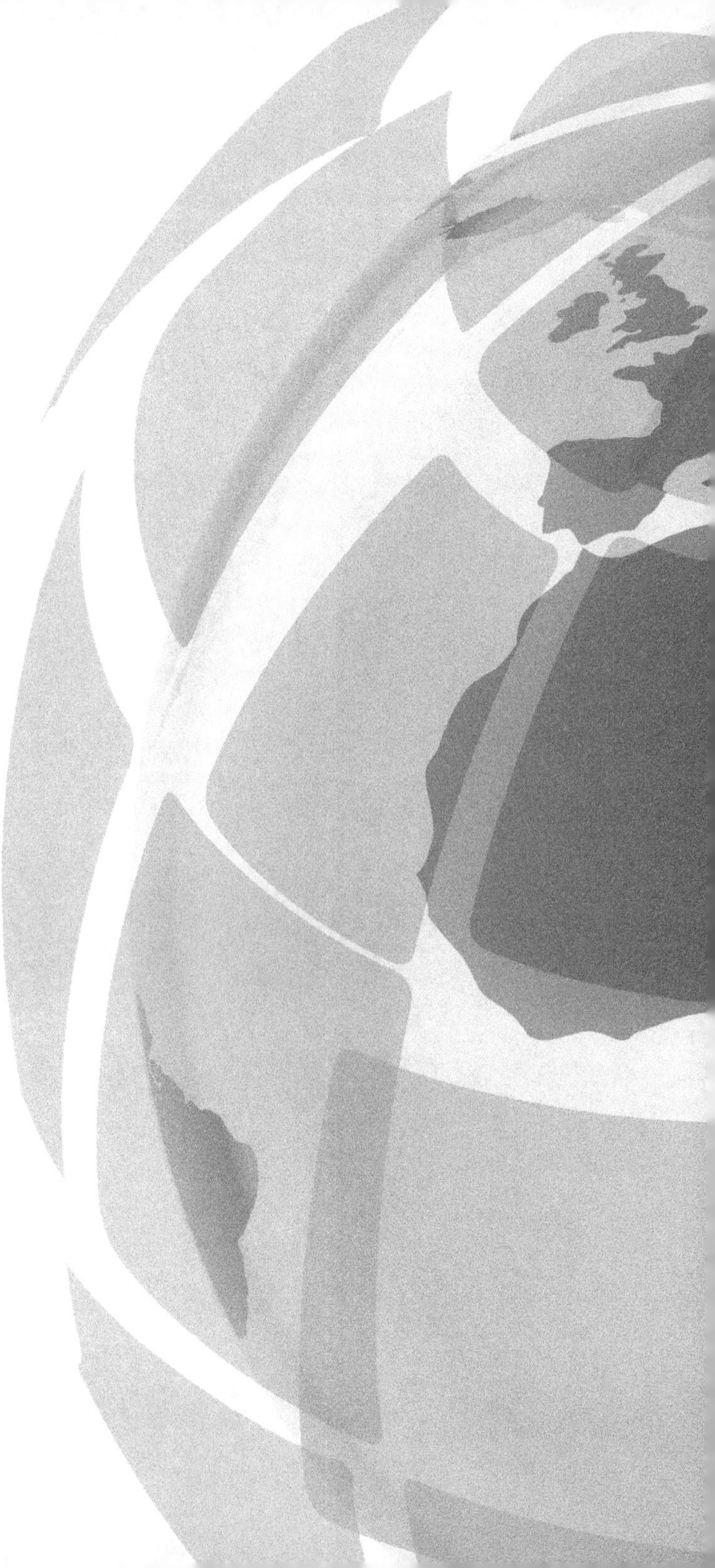

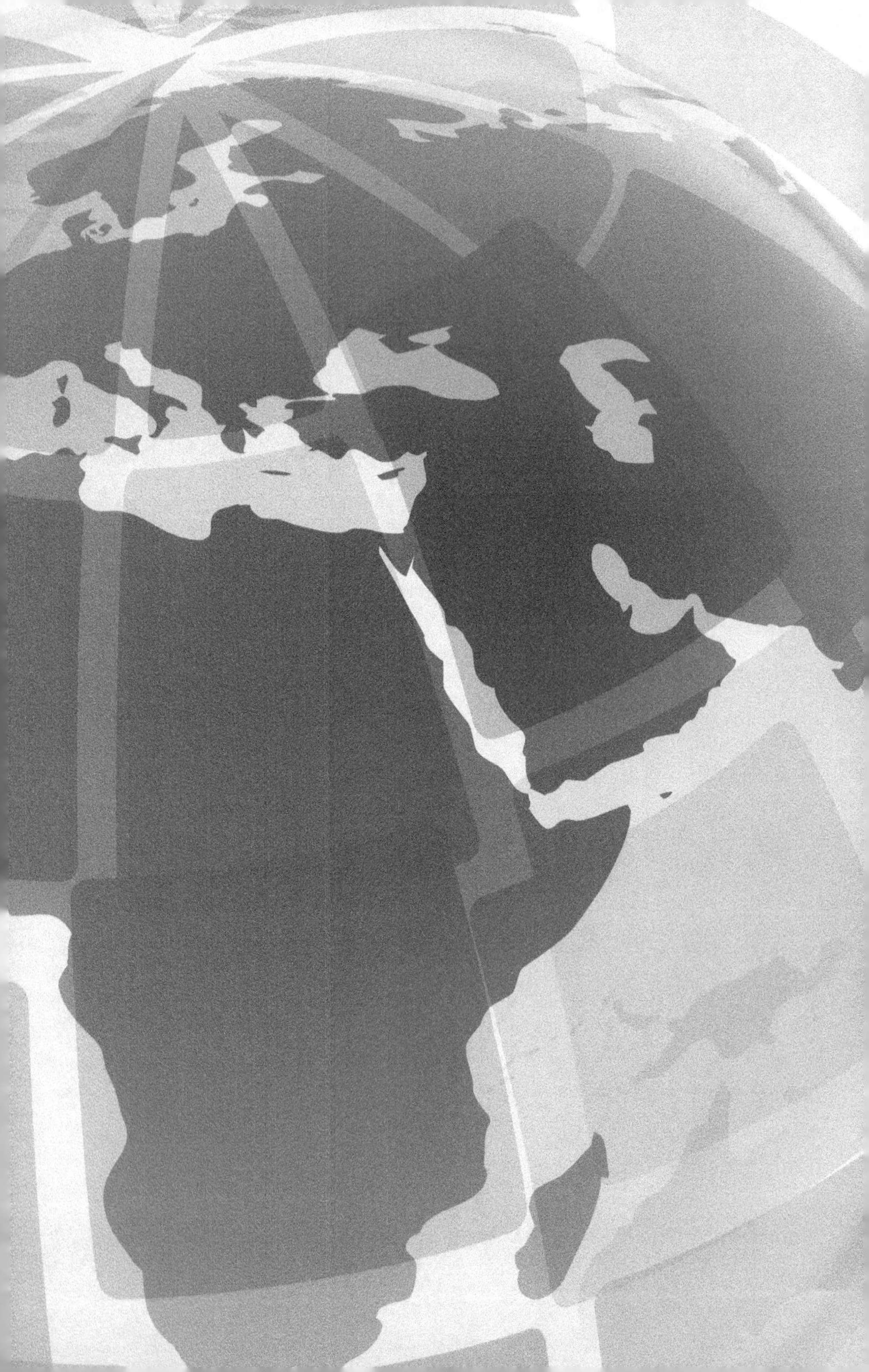

Análise do texto didático em Geografia

Com base no que já foi apresentado até agora, retomaremos os seguintes pontos importantes a serem observados na análise de um texto didático:

- Ao analisar um texto didático, temos o interesse de avaliar sua adequação ao uso em nossa prática pedagógica. Nesse quesito, estão implícitas a qualidade da nossa formação inicial e as nossas escolhas políticas e pedagógicas, que se filiam.

- Essa análise deve, inicialmente, identificar qual linha de pensamento geográfico o autor do texto segue. Afinal, essa identificação é um indicativo de como esse autor entende o papel da Geografia no ensino e como ciência para leitura de mundo.
- É preciso verificar também que grupo de conceitos centrais o autor usa para explicar o espaço geográfico e qual é a abordagem que ele dá a cada um desses conceitos. Como vimos, os conceitos de **PAISAGEM**, de **REGIÃO**, de **LUGAR**, de **TERRITÓRIO**, entre outros, sofreram mudanças qualitativas ao longo do tempo. Usá-los hoje com a mesma conotação que tinham no início do século XX é um uso reducionista do instrumental teórico da Geografia, é entendê-la como ciência da descrição pura e simples.
- Além disso, é importante identificar a teoria da aprendizagem em que o texto está fundamentado. Quais habilidades intelectuais são estimuladas pelas atividades? O texto e as atividades valorizam a memorização, a localização, a constatação, ou estimulam o pensamento crítico valorizando a compreensão, a análise, a argumentação, a generalização, a criatividade e a síntese?
- O mais importante: Como o autor do texto entende o objeto de estudo da Geografia? O que é o espaço geográfico para ele, qual a importância de compreender as transformações desse espaço e como essas transformações ocorrem? Como as relações espaço temporais e as relações sociedade-natureza são tratadas no texto? Elas superam a abordagem descritiva e avançam para uma abordagem histórica, contextualizada e crítica?

Todos esses posicionamentos teóricos sustentam uma postura política que revela qual é a importância da Geografia no currículo da Educação Básica para o autor do texto e que tipo de aluno sua proposta pedagógica pretende formar.

Com base nessas premissas, apresentaremos, neste capítulo, algumas informações sobre o Programa Nacional do Livro Didático (PNLD), especialmente a respeito da preocupação com a qualidade do livro, a construção e a consolidação dos critérios de avaliação, que teve início em 1996 e vem se consolidando a cada nova edição do PNLD. Além disso, colocamos em pauta as possibilidades e os limites do professor produzir seus próprios textos didáticos e tecemos algumas considerações sobre o uso de textos não didáticos como recurso de ensino.

Critérios para análise de textos didáticos de Geografia e o Programa Nacional do Livro Didático (PNLD)

Schaffer (1999), em artigo sobre esse assunto, argumenta que, ao decidirmos sobre o uso de um texto didático em nossa prática pedagógica, estamos validando esse recurso didático, assumindo a filiação teórico-política do autor. Por isso, é necessário avaliar para além

> da qualidade do papel empregado e da encadernação, da editoração [...]. Mais importante do que esta análise [é] uma verificação acurada quanto à orientação dada aos conteúdos; à correção e atualidade das informações; à distribuição das unidades; ao tratamento dos conceitos desenvolvidos; à adequação e correção dos exemplos e ilustrações (mapas, gráficos, desenhos, tabelas, fotos etc.) e dos exercícios eventualmente propostos. (Schaffer, 1999, p. 141)

A autora segue sua análise lembrando a necessidade de observar se o texto didático apresenta visão idealizada de determinados recortes espaciais (campo ou cidade, por exemplo), se possibilita a leitura cartográfica, se explora a realidade vivida pelo aluno, se apresenta e difunde preconceitos e mitos raciais e se faz uma abordagem que "infantiliza o aluno, oferecendo exercícios repetitivos, que não despertam a curiosidade" (Schaffer, 1999, p. 142).

Vários outros autores, de diversas áreas do conhecimento, dedicaram-se a escrever sobre a importância da análise do livro e do texto didático. Tais estudos intensificaram-se a partir do final dos anos de 1990, influenciados, talvez, pelo início da avaliação pedagógica dos materiais inscritos para o PNLD. Sobre esse programa e sobre a política de avaliação de coleções didáticas cabem algumas considerações, pois, com mais de 15 anos de existência de análise pedagógica dos livros didáticos no PNLD, as equipes responsáveis por esse trabalho, no Ministério da Educação (MEC), nas universidades, bem como os autores e as editoras, vêm aprimorando os critérios dessa avaliação.

O PNLD foi instituído em 1985, mas a avaliação pedagógica dos livros didáticos teve início apenas em 1996. O Plano Decenal de Educação para Todos estabeleceu, nos anos de 1993 e 1994, algumas prioridades para a educação brasileira, como a melhoria da qualidade dos livros didáticos, a capacitação dos professores para avaliar e escolher livros didáticos e a necessidade de renovação da política do livro didático no país. O objetivo era impedir que livros ruins, com erros conceituais e com abordagens que comprometessem a formação da cidadania, chegassem às escolas. Afinal, pelo PNLD o dinheiro público é investido na educação pública, por isso não pode ser gasto em material de baixa qualidade.

Freitag, Costa e Motta (1997) apontam que, desde meados dos anos de 1960, já se identificava a falta de qualidade dos livros didáticos. Entre os problemas levantados estavam o caráter ideológico dos livros, a presença de ideias discriminatórias, os erros conceituais e as insuficiências metodológicas.

Em 1995, o MEC instituiu oficialmente a análise e a avaliação pedagógica do livro didático como componente da política do PNLD. Formou uma comissão de especialistas com experiência nos três níveis de ensino que, coordenada pela Secretaria de Ensino Fundamental do MEC, realizou a primeira avaliação dos livros que seriam escolhidos pelos professores, comprados pelo governo e enviados às escolas (Batista, 2001). Muitos membros dessa comissão tinham participado da avaliação piloto ocorrida dois anos antes.

> Definiram-se como *critérios comuns de análise*, a adequação didática e pedagógica, a qualidade gráfica e editorial, a pertinência do manual do professor para uma correta utilização do livro didático e para a atualização do docente. Definiu-se ainda, então, como *critérios eliminatórios*, que os livros: não poderiam expressar preconceitos de origem, raça, sexo, cor e idade ou quaisquer outras formas de discriminação; não poderiam induzir ao erro ou conter erros graves relativos ao conteúdo da área, como por exemplo, erros conceituais. (Batista, 2001, p. 13, grifo do original)

Entre os anos de 1995 e 1996 ocorreu o processo de avaliação do PNLD 1997 (ano em que os livros aprovados na avaliação do programa foram enviados às escolas) com base nos critérios elaborados na avaliação piloto. Nessa edição, foram avaliados livros de Matemática, Português, Ciências e Estudos Sociais para os anos iniciais do ensino fundamental (da 1ª à 4ª séries).

Nos anos de 1996 e 1997 ocorreu o processo de avaliação da edição 1998 do PNLD. Nessa edição, foram avaliadas, novamente, coleções destinadas à 1ª e à 4ª séries do ensino fundamental. Para o PNLD 1998, foram mantidos os critérios de avaliação que orientaram a edição de 1997.

No PNLD 1999, houve a primeira avaliação para livros destinados aos alunos da 5ª à 8ª série do ensino fundamental. Ele foi realizado durante os anos de 1997 e 1998 e, devido a especificidades dessa etapa do ensino, foi necessária a adequação dos critérios, o que levou a uma nova rodada de discussões sobre a avaliação do livro didático. O PNLD 1999 manteve os mesmos critérios de avaliação das duas edições anteriores e acrescentou mais um: a incorreção e a incoerência metodológica da obra.

Quadro 3.1 – Resumo da consolidação dos critérios de exclusão do PNLD

CRITÉRIOS DE EXCLUSÃO

PNLD 1997	PNLD 1998	PNLD 1999
1. Eliminadas obras que contivessem preconceitos de origem, raça, sexo, cor, idade ou outras formas de discriminação.	1. Eliminadas obras que contivessem preconceitos de origem, raça, sexo, cor, idade ou outras formas de discriminação.	1. Eliminadas obras que contivessem preconceitos de origem, raça, sexo, cor, idade ou outras formas de discriminação.
2. Eliminadas obras que contivessem erros graves relativos ao conteúdo da área ou que induzissem a erros.	2. Eliminadas obras que contivessem erros graves relativos ao conteúdo da área ou que induzissem a erros. Os conteúdos não poderiam estar desatualizados.	2. Eliminadas obras que contivessem erros graves relativos ao conteúdo da área ou que induzissem a erro. Os conteúdos não poderiam estar desatualizados.
		3. Eliminadas obras com incorreção e inadequação metodológicas.

Fonte: Adaptado de Batista, 2001, p. 13-15.

Além desses critérios eliminatórios, havia outros que constituíam o conjunto dos critérios classificatórios que qualificavam os livros didáticos, mas não os excluíam do programa. Os critérios classificatórios também foram se aprimorando a cada edição do PNLD, com a experiência acumulada das avaliações realizadas. A título de exemplo, citamos alguns critérios classificatórios, a saber: linguagem adequada à etapa de ensino; qualidade das atividades relacionadas ao estímulo dos processos cognitivos simples e complexos; estímulo ao trabalho com diferentes pontos de vista; estímulo à problematização dos conteúdos; apresentação de questões e desafios; presença de fontes e autorias de dados; inserção de leituras complementares; existência de glossário, referências e outras indicações; qualidade nos aspectos gráficos e editoriais, entre outros.

Os três grandes critérios eliminatórios se mantiveram até o PNLD 2010, quando todos os critérios de avaliação passaram a ser eliminatórios. Desde essa edição, portanto, a coleção que não atender a qualquer um dos critérios de avaliação explicitados no edital pode ser excluída do programa.

Quadro 3.2 – Resumo dos ciclos de avaliação pedagógica do PNLD

CICLOS DE AVALIAÇÃO PEDAGÓGICA DO PNLD	
Livros da 1ª à 4ª série	Livros da 5ª à 8ª série
1997	1999
1998	2002 – passa-se a avaliar as coleções e não mais os livros individualmente
2000/2001	2005
2004 – separadas as inscrições dos livros de Geografia e História	2008

(continua)

(Quadro 3.2 – conclusão)

Livros da 1ª à 4ª série	Livros da 5ª à 8ª série
2007	2011 – Livros do 6º ao 9º ano do Ensino Fundamental
2010 – Livros do 2º ao 5º ano do ensino fundamental – todos os critérios de avaliação passam a ser eliminatórios	2014 Incluída a possibilidade de Aprovação Condicionada à Correção de Falhas Pontuais
2013	

Ensino médio
2005 a 2009 – Por grupo de disciplinas
2012 – Todas as disciplinas
2015 – Todas as disciplinas

Fonte: Elaborado com base em Brasil, 2013b.

Depois da inclusão do professor na escolha do livro, a avaliação pedagógica do livro didático pode ser considerada um segundo passo no sentido de amadurecimento das políticas do livro, pois ela agregou responsabilidade social a esse tipo de gasto do dinheiro público.

Contudo, ainda há vários aspectos a serem enfrentados na política do livro didático. Um deles é a tensão que a avaliação pedagógica provoca entre os sujeitos interessados na produção, comercialização e uso do livro didático. Autores e editoras reivindicam o direito de participar do processo de avaliação por meio de interlocução direta com a equipe de avaliadores, para questionar e discutir o resultado obtido por seus livros. O governo evita que isso ocorra argumentando a necessidade de autonomia da equipe de avaliadores, que deve ser resguardada de quaisquer tipos de coação ou constrangimento. Alguns estudiosos do assunto defendem a necessidade de participação de professores e até de alunos, bem como de associações de pais e outras entidades civis na composição das equipes de avaliação e escolha do livro didático.

Apesar dessa tensão e dos mais variados interesses que dela derivam, os sujeitos envolvidos reconhecem a relevância de políticas que buscam qualidade e aprimoramento dos livros didáticos. Afinal, o livro é um importante elemento de intermediação no processo de ensino-aprendizagem; muitas vezes, é o único livro a que o aluno e sua família têm acesso; veicula um conhecimento que é comercializado e precisa ser correto; é custeado com dinheiro público e distribuído para milhões de alunos em todo território nacional.

Para que a atual política do livro didático avance ainda mais, é necessário que, além de conhecer e acompanhar a avaliação do livro, o professor tenha conhecimento de todas as implicações políticas, econômicas, teóricas e metodológicas que envolvem o ensino e a escolha do livro didático. Por isso, nesse caderno temático são destacados: a importância do Guia do Livro Didático como documento sistematizador do resultado da avaliação pedagógica das coleções e o papel do professor no PNLD como sujeito que deve realizar uma escolha criteriosa e consciente.

Nesse sentido, apresentamos algumas questões que compuseram o instrumento de avaliação do livro didático de Geografia no último PNLD (Brasil, 2013a), organizadas pelos principais critérios de análise. Além de respeitar todas as leis, normas e regulamentos que regem a Educação Básica, o livro didático deve atender aos seguintes critérios:

1. Coerência entre os fundamentos teórico-metodológicos anunciados no manual do professor e os efetivados no livro didático

Esse item é composto por um conjunto de questões que visam verificar se há articulação entre o que o autor do livro defende no manual do professor e o modo como ele estrutura o livro. Trata-se de verificar a coerência pedagógica, ou seja, se os fundamentos defendidos pelo autor se concretizam nos capítulos que compõem o livro.

- Há coerência entre a fundamentação teórico-metodológica proposta e a efetivamente utilizada?
- Há articulação pedagógica no conjunto da obra e progressão dos processos de ensino e de aprendizagem entre os diferentes volumes que integram a coleção?
- Contribui para o desenvolvimento de capacidades básicas do pensamento autônomo e crítico, como compreensão, reflexão, memorização, análise, interpretação, criatividade, classificação, síntese, formulação de hipóteses, planejamento, argumentação, generalização e crítica?
- Possibilita ao aluno a articulação entre os níveis de conhecimento já adquiridos e em formação, contribuindo para a percepção de suas relações com o cotidiano?
- Recorre a diferentes gêneros textuais, adequados a situações de ensino e de aprendizagem?
- Utiliza linguagem adequada ao estágio de desenvolvimento cognitivo do aluno e à abordagem dos conhecimentos geográficos?
- Oferece estímulo à apropriação do vocabulário específico da Geografia, tendo em vista o domínio de conceitos e conteúdos, por meio de diferentes linguagens, evitando reducionismos e estereótipos?
- Apresenta problematização das questões espaçotemporais, proporcionando o desenvolvimento do senso crítico do aluno e sua capacidade de indicar soluções, estimulando a curiosidade e a criatividade?

2. Correção das noções/conceitos e informações básicas

As questões que compõem esse item primam pela correção conceitual. Os principais problemas verificados nos livros didáticos, antes de se iniciar a avaliação pedagógica no PNLD estavam relacionados a erros conceituais. Por isso, esse item é de suma importância para a melhoria da qualidade dos livros didáticos.

- ▸ Aborda corretamente os conceitos geográficos básicos, tais como sociedade, natureza, espaço, paisagem, território, região e lugar?
- ▸ As informações básicas, suas representações e imagens, estão corretas e atualizadas?
- ▸ Os fenômenos e fatos geográficos estão localizados corretamente?
- ▸ Os conceitos e as informações proporcionam compreensão das relações entre sociedade e natureza?
- ▸ O conteúdo apresentado permite compreender e refletir sobre o cotidiano do aluno, articulado às escalas regional, nacional e mundial?
- ▸ Apresenta relações espaço-tempo que possibilitam aos alunos compreender a construção histórica do espaço geográfico?
- ▸ A obra apresenta discussão de diferenças políticas econômicas, sociais e culturais de povos e países, sem discriminar ou tratar negativamente os que não seguem o padrão hegemônico de conduta da sociedade ocidental, evitando visões distorcidas da realidade e a veiculação de ideologias antropocêntricas, políticas ou ambas?

3. Observância de princípios éticos e democráticos necessários à construção da cidadania e ao convívio social

Nesse item, as questões visam verificar se o livro didático apresenta quaisquer tipos de discriminação, preconceito, estereótipo, ou deixa de dar visibilidade a grupos étnicos e sociais. Assim, buscam-se abordagens política e historicamente justas e corretas.

- ▸ A obra está isenta de preconceitos ou indução a preconceitos relativos às condições regionais, econômico-sociais, étnicas, de gênero, de religião, de idade, ou outra forma de discriminação?

- Está isenta de publicidade de marcas, produtos ou serviços comerciais, bem como de doutrinação religiosa ou política, e respeita o caráter laico e autônomo do ensino público?
- Está isenta de preconceito e estereótipo em relação à imagem da mulher, considerando sua participação profissional e em espaços de poder, por meio do texto escrito, das ilustrações e/ou das atividades propostas?
- Promove positivamente a cultura afro-brasileira e dos povos indígenas brasileiros, dando visibilidade aos seus valores, tradições, organizações e saberes sociocientíficos, além de considerar seus direitos e sua participação em diferentes processos históricos que marcam a formação do espaço geográfico brasileiro?
- Promove positivamente a imagem de afrodescendentes e descendentes das etnias indígenas brasileiras, considerando sua participação em diferentes trabalhos, profissões e espaços de poder?
- Incentiva e apoia práticas pedagógicas voltadas para o respeito e a valorização da diversidade, dos princípios da sustentabilidade, da cidadania ativa, da defesa dos direitos humanos e da tolerância?

4. AS ATIVIDADES (PROBLEMAS, EXERCÍCIOS, PESQUISAS COMPLEMENTARES ETC.)

Esse item é composto por questões que analisam a qualidade das atividades e a coerência delas com a proposta pedagógica registrada no manual do professor. Observa-se que se espera dos livros de Geografia que as atividades estimulem o pensamento autônomo e crítico, que promovam a aula de campo.

- As atividades propostas possibilitam a articulação entre os conteúdos e permitem que os objetivos propostos nas unidades temáticas sejam alcançados?
- Propiciam a problematização dos conteúdos, estimulam o trabalho com diferentes pontos de vista e promovem o

desenvolvimento das capacidades básicas do pensamento autônomo e crítico, a exemplo da observação, investigação, comparação, compreensão, interpretação, criatividade, análise e síntese?
- Contêm questões abertas e desafios que envolvam a seleção e a interpretação de dados provenientes de diferentes fontes, propiciando ao aluno o desenvolvimento de diferentes habilidades e ampliando suas possibilidades de expressão escrita, gráfica e cartográfica?
- Favorecem a realização de trabalhos de campo, em pelo menos um volume da coleção, estimulando a observação, a investigação, a comparação, a compreensão, a interpretação, a criatividade, a análise e a síntese?

5. AS ILUSTRAÇÕES (FOTOS, IMAGENS, MAPAS, DESENHOS, BLOCOS-DIAGRAMAS, CROQUIS)

Nesse item, as questões verificam a qualidade das imagens, sua articulação com os textos e seu potencial de problematização e enriquecimento do ensino. Para a Geografia, o uso de fotografias é fundamental, pois seu objeto de estudo, o espaço geográfico, demanda a visualização das paisagens e dos lugares em estudo para que se possa fazer as análises e reflexões propostas nos textos e nas atividades. Do mesmo modo, a linguagem cartográfica, que envolve mapas, croquis, imagens de satélites, deve apresentar correção e articular-se com os textos e as atividades.

- São claras, precisas e de fácil compreensão e exploram as várias funções que as imagens podem exercer no processo educativo, estimulando a curiosidade e motivando o educando?
- Reproduzem adequadamente a diversidade étnica da população brasileira, a pluralidade social e cultural do país, não expressando, induzindo ou reforçando preconceitos e estereótipos?
- A escala é utilizada corretamente para representar os fenômenos tratados?

- As legendas dos mapas e demais ilustrações são adequadas e claras, sem excesso de informações a serem identificadas?
- As ilustrações são acompanhadas dos respectivos créditos e locais de custódia? Gráficos, tabelas e mapas fazem referência às fontes e datas e possuem títulos? Indica-se corretamente a autoria?

6. Aspectos gráfico-editoriais e projeto do livro

Nesse item, as questões visam verificar a qualidade editorial do livro, mas também a correção da redação, a estruturação dos capítulos em subtítulos que facilitem a compreensão dos conteúdos, a presença de glossário, a correspondência entre sumário e interior dos capítulos, o equilíbrio entre imagens e textos, evitando poluição visual ou excessos (de imagens ou de textos) que cansam os alunos e prejudicam a aprendizagem.

- Apresenta organização clara, coerente e funcional, do ponto de vista da proposta didático-pedagógica?
- O papel utilizado e a impressão permitem boa legibilidade, sem gerar visão confusa com a impressão do verso da página? Proporciona boa legibilidade do texto (o desenho e o tamanho da letra, o espaço entre letras, palavras e linhas, bem como o formato e as dimensões dos textos na página)?
- Há estrutura hierarquizada de títulos e subtítulos? O texto principal é impresso em preto? Os textos complementares estão identificados adequadamente, evitando sua confusão com o texto principal?
- Apresenta texto isento de erros de revisão e/ou de impressão?
- Contém leituras complementares de fontes reconhecidas e atualizadas, coerentes com o texto principal, que acrescentam novas visões de maneira pertinente e adequada? São indicadas corretamente suas fontes?
- O sumário reflete corretamente a organização interna da obra (organização dos conteúdos e atividades propostas) e permite a rápida localização das informações nela contidas?

> Possui glossário isento de erros conceituais ou contradições com os textos?
> A obra está isenta de repetição excessiva de conhecimentos já abordados, considerando as características inerentes ao processo de ensino e de desenvolvimento dos alunos dos anos finais do ensino fundamental?

Além dessas questões, o instrumento de avaliação do livro didático de Geografia[1] é composto, também, por outras referentes ao manual do professor. Nesse conjunto, analisa-se a existência, no manual, de orientações que explicitem os pressupostos teórico-metodológicos e a linha de pensamento geográfico à qual os livros se vinculam:

> Os objetivos das atividades propostas.
> Orientações para o desenvolvimento dos conteúdos, atividades e exercícios.
> Orientação visando à articulação dos conteúdos do(s) livro(s) entre si e com outras áreas do conhecimento.
> Bibliografia diversificada e sugestões de outros recursos que contribuam para a formação e atualização do professor.
> Proposta e discussão sobre avaliação da aprendizagem.
> Sugestões de atividades complementares, de aulas de campo e de leituras para os alunos.

Como é possível perceber, a experiência e a longevidade do PNLD culminaram no amadurecimento dos critérios de avaliação do livro didático de Geografia (e outras áreas do conhecimento). Assim, cada vez mais, os livros didáticos vêm se qualificando e as discussões sobre a avaliação desse recurso resultaram em publicações que se constituem material de qualidade para estudo do professor.

Os critérios de análise do livro didático utilizados pelo MEC são públicos e podem ser consultados nos editais de cada PNLD, disponíveis no *site*, sempre no primeiro semestre de cada ano.

---

1 Para maiores detalhes sobre esse instrumento de análise e avaliação de textos/livros didáticos, sugere-se pesquisa no *site* do MEC: <http://portal.mec.gov.br>.

Com a consolidação do PNLD, há a avaliação pedagógica dos livros didáticos de Geografia (e das demais disciplinas da educação básica) todos os anos. O ciclo de avaliação de cada etapa ocorre a cada três anos, porém, como são três as etapas da educação básica, todo ano há avaliação (análise) do livro didático. Por exemplo: no ano de 2011, foram avaliados livros destinados aos anos iniciais do ensino fundamental (2º ano ao 5º ano); em 2012, foram avaliados livros destinados aos anos finais do ensino fundamental (6º ano ao 9º ano); e, em 2013, serão avaliados livros destinados ao ensino médio. Em seguida, o ciclo é retomado, com nova avaliação dos livros dos anos iniciais em 2014, e assim sucessivamente.

Os livros avaliados e aprovados em cada edição do PNLD são apresentados no Guia do Livro Didático no ano seguinte à avaliação, escolhidos pelos professores e enviados às escolas no ano seguinte àquele. Assim, as avaliações e análises dos livros didáticos ocorrem sempre dois anos antes desse material chegar às escolas e às mãos dos professores e dos alunos da educação básica.

Os professores têm acesso aos editais que normatizam a avaliação, os quais, como já foi dito, são públicos. Também têm acesso ao resultado da avaliação por meio do Guia do Livro Didático, que é publicado após cada ciclo avaliativo e apresenta as características teórico-metodológicas das coleções aprovadas. Além disso, ao final de cada Guia há a ficha de avaliação utilizada pela equipe de avaliadores que, nesse documento, é também tornada pública.

Considera-se que a leitura do Guia do Livro Didático e o acompanhamento atento do processo de avaliação do livro pelo professor da escola básica podem ser importantes instrumentos e estratégias para a formação do professor avaliador de material didático. Dado o grau de amadurecimento desse programa, sugere-se aos interessados em aprofundar seus

Capítulo 3

conhecimentos sobre o tema que se inteirem da constituição e do processo político pedagógico que envolve o PNLD.

A produção de textos didáticos: limites e possibilidades

No que se refere ao ensino de Geografia, conforme já ficou explicitado, a tendência atual é por uma organização curricular temática, orientada para a formação de conceitos que possibilitem ao aluno uma leitura crítica do espaço geográfico, nas diversas escalas (local, regional, nacional, global). A esse respeito, Cavalcanti (1998, p. 35) afirma que:

> Admitindo-se que o objetivo do ensino de Geografia é o de desenvolver o pensamento autônomo a partir da internalização do raciocínio geográfico, tem-se considerado importante organizar os conteúdos de ensino com base em conceitos básicos e relevantes, necessários à apreensão do espaço geográfico. A ideia é a de encaminhar o trabalho com os conteúdos geográficos e com a construção de conhecimentos para que os cidadãos desenvolvam um modo de pensar e agir considerando a espacialidade das coisas, nas coisas, nos fenômenos que eles vivenciam mais diretamente ou que eles vivenciaram enquanto humanidade.

Ao docente cabe, então, o permanente exercício de pensar/escolher/eleger os temas problematizadores mais relevantes a serem discutidos e o quadro conceitual adequado às análises do espaço geográfico. Essas escolhas influenciarão na seleção de textos didáticos a serem utilizados e até mesmo na aventura de uma eventual produção de materiais didáticos. Ao mesmo tempo, para além de uma nova postura, esse exercício é um desafio que o atual momento histórico coloca para o professor da educação básica.

A possibilidade de o professor produzir textos didáticos sozinho e/ou em conjunto com seus alunos pressupõe reflexões para além das mencionadas neste texto. Passa por questões mais amplas, que envolvem as relações sociais e o papel do professor no processo de construção do conhecimento.

A escola, espaço da atuação profissional do professor, dá continuidade à relação conflituosa presente na sociedade. Os conflitos de classe, de visão de mundo, de medição de forças entre cultura hegemônica e não hegemônica, estão presentes na sociedade e na escola. Na escola, o tempo e o espaço são organizados para que reste ao professor transmitir, informar, ensinar o conhecimento produzido em outras instituições sociais. Ao professor da escola básica não cabe ser pesquisador, dadas as suas condições concretas de trabalho.

Contudo, a postura política e a compreensão filosófica e pedagógica da educação assumidas pelos professores são importantes recursos intelectuais e políticos que podem reverter as condições mencionadas anteriormente. Assim, professores bem formados, teórica, metodológica e politicamente, podem ultrapassar a tarefa de aplicadores de aulas pensadas por outros (autores de livros, gestores em geral) e criar suas metodologias, suas estratégias de ensino, seus recursos. De acordo com Macedo (1997, p. 40), "a resistência das salas de aula [...] tem feito os projetos de controle sofrerem seus maiores baques. É na sala de aula que o livro didático 'oficial' e as propostas das secretarias de educação têm sido, de alguma forma, ressignificados contra a homogeneização tentada".

Capítulo 3

Nosso argumento é o de que os professores, com a necessária bagagem teórica acrescida de postura e atitude comprometidas, podem fazer a diferença na construção de uma nova educação escolar, no entanto, não de uma forma voluntária e isolada, mas sim em grupo.

Longe de uma interpretação ingênua e a-histórica, entendemos que não há professor isolado, abstrato, salvador da pátria, mas sim um profissional que faz parte da sociedade e compõe as relações de poder nela presentes. Por isso, não pretendemos responsabilizá-lo por avanços ou fracassos na educação. Suas escolhas, sua capacidade de transformação e sua atuação dependem de determinantes objetivos e subjetivos, que, segundo Vasconcelos (1995, p. 13), são: "Formação, valores, opção ideológica, vontade política, compromisso; concepção do processo de conhecimento [...] salário, instalações, equipamentos, recursos didáticos; número de alunos por classe; tempo para preparação das aulas; reuniões pedagógicas frequentes".

Então, a opção política e ideológica, o compromisso e a concepção de conhecimento dos professores muitas vezes acabam sendo "neutralizados" pelos fatores de ordem objetiva que afetam mais diretamente o tempo disponível do professor, sua capacidade de articulação como categoria profissional e, em última instância, sua luta pela sobrevivência.

Por outro lado, quando, por exemplo, um processo de renovação curricular é proposto, seja para o país como um todo, seja para o âmbito estadual, seja apenas para o município, os professores ficam numa posição privilegiada de legitimadores ou não da proposta. Apesar de todas as pressões que os órgãos responsáveis pela elaboração e pela implementação de um currículo possam oferecer, em última instância é na sala de aula, ou seja, no cotidiano das relações ensino-aprendizagem e professor-aluno-objeto do conhecimento, que essa proposta vai ou não ser efetivada.

A ação do professor em sala de aula é uma síntese de sua concepção de educação. O professor tem como principal papel dirigir o processo de construção do conhecimento do aluno na sala de aula. Então, é muito importante que tenha clareza teórica do que faz (tarefa pedagógica) e no contexto em que faz. Sobre essa questão do enfoque do trabalho com a disciplina que leciona, discorremos longamente nos dois primeiros capítulos. Entretanto, enfocando agora um professor produtor de textos didáticos, precisamos deslocar nosso olhar para a compreensão da atitude pedagógica desse professor. Vários autores, com diferentes perspectivas, enriqueceram essa discussão.

Chaui (2001) nos faz refletir sobre a importância do que chama de *atitude filosófica*, como uma postura metodológica possível de ser assumida por todas as áreas do conhecimento em suas práticas de ensino. Para essa autora, a atitude filosófica diante dos "conteúdos" das diversas disciplinas exige: "não aceitar como óbvias e evidentes as coisas, as ideias, os fatos, as situações, os valores, os comportamentos de nossa existência cotidiana; jamais aceitá-los sem antes havê-los investigado e compreendido" (Chaui, 2001, p. 12).

A autora vai mais longe explicitando as características da atitude filosófica. Para ela, essas características resumem-se em:

> perguntar o que a coisa, ou o valor, ou a ideia é [...] perguntar como a coisa, a ideia ou o valor é [...] perguntar por que a coisa, a ideia ou o valor existe e é como é. [...] A atitude filosófica inicia-se dirigindo essas indagações ao mundo que nos rodeia e às relações que mantemos com ele. Pouco a pouco, porém, descobre que essas questões se referem, afinal, à nossa capacidade de conhecer, à nossa capacidade de pensar. (Chaui, 2001, p. 14)

Mas, afinal, o que queremos argumentar quando dialogamos com Chaui (2001) e seu conceito de atitude filosófica?

Capítulo 3

Nosso tema é o professor produtor de textos didáticos. Estamos, então, afirmando que, para produzir textos didáticos ao mesmo tempo em que atua como docente da educação básica, o professor precisa mudar seu conceito de aula. Esta deve ser entendida como encontro para investigação, pesquisa, elaboração de problemas e busca de respostas (não necessariamente soluções) para esses problemas.

É preciso superar a visão da aula como transmissão/socialização do conhecimento acumulado pela humanidade. Assumindo uma perspectiva investigativa no encaminhamento metodológico das aulas, o professor acumula subsídios para escrever os resultados da pesquisa, trazendo para seu texto didático o caráter de inédito, na medida em que supera a ideia de reescrita do que já existe. Sua aula ou pesquisa trará sempre um recorte da realidade de interesse para a comunidade local, relacionado com os problemas e a cultura locais.

Com esses argumentos, aproximamo-nos de Vasconcelos (1995), quando fala sobre a construção do conhecimento em sala de aula. Para esse autor, o encaminhamento metodológico para um conteúdo e/ou unidade de estudo deve contemplar três momentos: "a mobilização para o conhecimento; a construção do conhecimento e a elaboração e expressão da síntese do conhecimento" (Vasconcelos, 1995, p. 46-47).

O estudioso afirma que, para mobilizar o aluno para o conhecimento, é preciso conhecer sua realidade, identificar suas necessidades existenciais e necessidades de estabelecer relações. Isso significa contextualizar o conteúdo, torná-lo um problema significativo para o aluno. Arriscamos aproximar essa ideia do conceito de atitude filosófica desenvolvido por Chaui (2001).

O momento da construção do conhecimento coincide com a pesquisa propriamente dita. Nele, o professor organiza seu trabalho pedagógico de forma a encaminhar os passos da pesquisa e envolver os alunos na investigação. Finalmente, o momento da elaboração da síntese do conhecimento pode tornar-se o momento da produção de um texto-síntese, didático. Essa reflexão sobre o trabalho de sala de aula (didática) acompanha a revisão crítica proposta anteriormente sobre o conceito de aula.

Podemos afirmar, ainda, que essa postura metodológica e política traz uma nova relação de poder para a escola e para a sociedade. O professor torna-se pesquisador e, junto com seus alunos, produz a síntese de sua pesquisa, tornando-a um texto didático, e disponibiliza-a para a utilização por outros colegas. Com isso, desaparece a divisão do trabalho pedagógico em que, tradicionalmente, alguns escrevem material didático e outros executam suas aulas utilizando esse material. A divisão entre um grupo que pensa e outro que apenas executa (falando de maneira simplificada) deixaria, aos poucos, de existir.

Quando o professor assume e propõe aos seus alunos a "atitude filosófica", está "mobilizando-os para o conhecimento", provocando investigação de problemas contextualizados para a realidade sócio-cultural-econômica desses alunos; está criando currículo, produzindo conhecimento concreto, e tornando possível, por meio da pesquisa, a produção de textos (sínteses) que podem ser didáticos.

Para não estendermos ainda mais essas argumentações, encerramos lembrando Demo (1993), quando afirma que "o professor da educação básica carece primar pela capacidade de pesquisa. Dito de supetão, parece desafio descomunal e mesmo inapropriado, talvez pernóstico; mas, bem colocado, faz parte do cerne de sua habilidade profissional" (Demo, 1993, p. 97).

Esse autor usa a ideia de pesquisa como "princípio científico" e como "princípio educativo". Da mesma maneira que os outros dois autores, traz a ideia do professor produtor de conhecimento para além de simples transmissor/socializador de saberes construídos por outro grupo (superior). Entende, também, que a aula deve assumir outra dimensão ao incorporar a pesquisa como encaminhamento metodológico determinante do trabalho pedagógico. Nessa nova dinâmica, aluno e professor assumem papéis de sujeitos na educação.

> ### Desafio
>
> - Elabore um problema de pesquisa a ser proposto para alunos de ensino médio. Pense que a linguagem deve ser adequada a eles e que o tema e a pergunta devem despertar interesse.
> - Pense num roteiro de pesquisa a ser assumido por uma turma de alunos do ensino médio – distribuição de tarefas de investigação (simulação).
> - Pense em uma forma de sistematizar os dados levantados junto com os alunos (simulação).
> - Construa um texto, que pode ter uso didático, com base no resultado da pesquisa.
>
> **OBS.**: Os itens de simulação ficarão no nível do planejamento. Contudo, a pesquisa, tentando resolver o problema, deve ser feita por você. Caso contrário, ficará muito difícil produzir o texto "didático". Afinal, só fazemos síntese daquilo que estudamos e pesquisamos.

Algumas palavras sobre textos não didáticos

Os textos didáticos prontos são encontrados nos livros didáticos e em alguns paradidáticos. Apresentam-se para a análise já denominados como *textos direcionados ao ensino*. Entretanto, nós, professores, muitas vezes fazemos uso didático de textos jornalísticos, poéticos, científicos, entre outros. É muito bom e enriquecedor para a prática pedagógica quando esse material é analisado com cuidado e quando é discutido, com os alunos, o conteúdo e o discurso político que ele contém.

Então, podemos afirmar que, além dos textos didáticos, o professor deve saber analisar os textos complementares utilizados em sua prática pedagógica, tornando-os didáticos sem que tenham sido escritos com essa finalidade.

Esses textos nem sempre estão impressos. Podem ser textos jornalísticos eletrônicos, uma telenotícia, um programa informativo ou um filme (cinema), sempre usados como um ponto de vista sobre o conteúdo em discussão. Essas outras linguagens (jornalística, literária, artística) são também "textos", eleitos pelo professor para o uso didático, mas que não estão isentos de um posicionamento político, uma vez que transmitem uma leitura de mundo, enfim, são o olhar de alguém (jornalista, produtor, ator etc.) sobre o fato, o lugar, o acontecimento posto em análise. Cabe ao professor utilizá-los com todo cuidado teórico e com o maior discernimento político possível.

Sugestão de atividade

Escolha um texto jornalístico impresso e um filme (documentário ou cinema) que você gostaria de usar como recurso didático numa aula de Geografia.

Faça a análise desses dois "textos", identificando neles:

- Como o autor explica o espaço geográfico abordado pelo texto? Apenas descreve? Enfatiza mais a natureza do que a sociedade? Analisa aspectos políticos e econômicos na configuração socioespacial do lugar em pauta?
- Que quadro teórico conceitual você identifica no texto como explicativo do espaço geográfico em estudo?
- Quais os limites político-pedagógicos que você identifica no texto e que comprometem seu uso didático?

Capítulo 3

Esse exercício pretende mostrar que analisar textos (didáticos ou a serviço da didática) não é tarefa fácil. Daí nosso argumento da necessidade de o professor ter um preparo teórico e metodológico bastante consistente, que o torne seguro sobre sua disciplina no que se refere ao que ela estuda, ao enfoque crítico do seu objeto, à profundidade do quadro conceitual necessário para o estudo do objeto, e a todas as implicações políticas que suas opções teóricas carregam.

Considerações finais

Este texto colocou em discussão os instrumentos teórico-metodológicos considerados pela autora como mínimos para análise e produção de textos didáticos para o ensino da Geografia na Educação Básica.

Iniciamos pela caracterização dos textos didáticos, identificamos os elementos que os compõem e apontamos como eles podem se relacionar a concepções curriculares que orientaram e orientam o ensino de Geografia. Nessa abordagem inicial, pretendíamos apresentar o tema e despertar as primeiras inquietações sobre ele.

No segundo capítulo, propusemos uma revisão da formação teórica e conceitual da Geografia e sua influência no ensino dessa disciplina. Essa revisão, contextualizada histórica e politicamente, articulou as renovações da Geografia com os temas e conceitos que, nesse processo, foram inseridos ou excluídos dos livros didáticos. Além disso, buscamos explicitar os interesses que promoveram as produções teórico-conceituais da Geografia com vínculos políticos e econômicos diversos. Dessa forma, procuramos despertar as reflexões sobre a não neutralidade da produção do conhecimento que é veiculado nos livros didáticos.

O terceiro capítulo iniciou-se com a ampliação dos aspectos a serem considerados para se analisar um texto didático. Com base nisso, apresentamos uma discussão sobre a importância da avaliação de livros didáticos na qual se incluiu informações sobre o PNLD e os principais critérios utilizados nesse programa. Com isso, pretendemos ampliar os recursos do professor para análise e produção de textos didáticos.

Assim, centramos nossa discussão na análise teórica, conceitual, política e metodológica dos textos didáticos. Acreditamos que a identificação do conteúdo discursivo dos textos didáticos é um dos elementos mais importantes para uma prática pedagógica consciente do professor. Nossa preocupação é fazer com que esse professor ou especialista não seja inocente refém de interesses editoriais, usuário desavisado de textos didáticos que veiculam o discurso hegemônico.

Afirmamos que um professor fortemente embasado, teórica e metodologicamente, é capaz de analisar e produzir seu material didático apoiado na aula como espaço de pesquisa. Esse professor assume a agência de seu trabalho e sua construção intelectual; inverte as relações de poder estabelecidas pelo currículo oficial; faz da escola um espaço de confronto entre diferentes visões de mundo.

Contudo, não falamos de um professor abstrato. Sabemos de todas as dificuldades do professor concreto e, por isso, entendemos que essas mudanças só acontecerão no coletivo e paulatinamente. Sabemos, também, que essas mudanças, uma vez desencadeadas, podem sofrer avanços e retrocessos, como qualquer processo histórico. Entretanto, acreditamos firmemente que textos como este desempenham um papel de provocação e promovem alguma reflexão e algum debate. Eis o nosso objetivo.

Referências

ANDRADE, M. C. **Geografia, ciência da sociedade**. São Paulo: Atlas, 1987.

BATISTA, A. A. G. **Recomendações para uma política pública de livros didáticos**. Brasília: MEC; SEF, 2001. Disponível em: <http://www.dominiopublico.gov.br/download/texto/me002406.pdf>. Acesso em: 21 jan. 2013.

BRASIL. Ministério da Educação. Fundo Nacional de Desenvolvimento da Educação. **Guia PNLD 2013**: Ensino Fundamental. Disponível em: <http://www.fnde.gov.br/programas/livro-didatico/guia-do-livro/item/3773-guia-pnld-2013-%E2%80%93-ensino-fundamental>. Acesso em: 13 ago. 2013a.

_____. **Programas**. Disponível em: <http://www.fnde.gov.br/programas/livro-didatico/guia-do-livro/guias-anteriores>. Disponível em: 10 ago. 2013b.

BRASIL. Ministério da Educação. Secretaria de Educação Fundamental. **Parâmetros curriculares nacionais**: Geografia. Brasília, 1997.

CALLAI, H. C. **O ensino de Geografia**: recortes espaciais para análise. In: CASTROGIOVANNI, A. C. (Org.). **Geografia em sala de aula**: práticas e reflexões. Porto Alegre: Ed. da UFRGS; AGB, 1999. p. 57- 64.

CARLOS, A. F. A. **O lugar no/do mundo**. São Paulo: Hucitec, 1996.

CAVALCANTI, L. S. **Geografia, escola e construção do conhecimento**. Campinas: Papirus, 1998.

_____. **Geografia e práticas de ensino**. Goiânia: Alternativa, 2002.

CHAUI, M. **Convite à filosofia**. São Paulo: Ática, 2001.

CORRÊA, L. R. Espaço, um conceito chave da Geografia. In: CASTRO, I. et al. (Org.). GEOGRAFIA: conceitos e temas. Rio de Janeiro: Bertrand Brasil, 1995, p. 15- 48.

_____. REGIÃO E ORGANIZAÇÃO ESPACIAL. São Paulo: Ática, 1986.

DEMO, P. DESAFIOS MODERNOS DA EDUCAÇÃO. Petrópolis: Vozes, 1993.

FOUCAULT, M. MICROFÍSICA DO PODER. 5. ed. Rio de Janeiro: Graal, 1985.

FREITAG, B.; COSTA, W. F.; MOTTA, V. R. O LIVRO DIDÁTICO EM QUESTÃO. 3. ed. São Paulo: Cortez, 1997.

GOMES, P. C. da C. GEOGRAFIA E MODERNIDADE. Rio de Janeiro: Bertrand Brasil, 1996.

_____. O conceito de região e sua discussão. In: CORRÊA, R. L.; GOMES, P. C. da C.; CASTRO, I. E. de. GEOGRAFIA: conceitos e temas. Rio de Janeiro: Bertrand Brasil, 1995. p. 49-76.

LACOSTE, Y. A GEOGRAFIA: isso serve, em primeiro lugar, para fazer a guerra. Campinas: Papirus, 1988.

MACEDO, E. F. de. Novas tecnologias e currículo. In: MOREIRA, A. F. B. (Org.). CURRÍCULO: questões atuais. Campinas: Papirus, 1997. p. 39- 58.

MORAES, A. C. R. GEOGRAFIA: pequena história crítica. São Paulo: Hucitec, 1987.

_____. IDEOLOGIAS GEOGRÁFICAS. São Paulo: Hucitec, 1991.

MOREIRA, R. O CÍRCULO E A ESPIRAL: a crise paradigmática do mundo moderno. Rio de Janeiro: Obra Aberta, 1993.

OLIVEIRA, A. U. A geografia agrária e as transformações territoriais recentes no campo brasileiro. In: CARLOS, A. F. A. NOVOS CAMINHOS DA GEOGRAFIA. São Paulo: Contexto, 1999.

RATZEL, F. COLEÇÃO OS GRANDES CIENTISTAS SOCIAIS. São Paulo: Ática, 1990.

SANTOS, M. A NATUREZA DO ESPAÇO, TÉCNICA E TEMPO, RAZÃO E EMOÇÃO. São Paulo: Hucitec, 1996a.

_____. ESPAÇO E MÉTODO. São Paulo: Nobel, 1985.

_____. METAMORFOSES DO ESPAÇO HABITADO. São Paulo: Hucitec, 1988.

SANTOS, M. POR UMA GEOGRAFIA NOVA. São Paulo: Hucitec, 1986.

____. Por uma outra globalização. Rio de Janeiro: Record, 2000.

____. Técnica, espaço e tempo: o meio técnico científico informacional. São Paulo, Hucitec, 1996b.

SAVIANI, N. Parâmetros curriculares nacionais: o que dispõem para o ensino fundamental? Caderno pedagógico APP Sindicato, Curitiba, n. 2, mar. 1999.

SCHAFFER, N. O. O livro didático e o desempenho pedagógico: anotações de apoio à escolha do livro-texto. In: CASTROGIOVANNI, A. C. (Org.). Geografia em sala de aula: práticas e reflexões. Porto Alegre: Ed. da UFRGS; AGB, 1999. p. 133- 148.

SODRÉ, N. W. Introdução à geografia: geografia e ideologia. Petrópolis: Vozes, 1977.

SPOSITO, M. E. B. Parâmetros curriculares nacionais para o ensino de geografia: pontos e contrapontos para uma análise. In: CARLOS, A. F. A.; OLIVEIRA, A. U. de. (Org.). Reformas no mundo da educação: parâmetros curriculares e geografia. São Paulo: Contexto, 1999. p.19- 35.

VASCONCELOS, C. dos S. Construção do conhecimento em sala de aula. São Paulo: Libertad, 1995. (Coleção Cadernos Pedagógicos).

VESENTINI, J. W. (Org.). Geografia: textos críticos. Campinas: Papirus, 1995.

VESENTINI, J. W. Para uma Geografia crítica na escola. São Paulo: Ática, 1992.

VIDAL DE LA BLACHE, P. As características próprias da geografia. In: CHRISTOFOLETTI, A. (Org.). Perspectivas da geografia. São Paulo: Difel, 1982. p. 71- 95.

VLASH, V. Delgado de Carvalho e a orientação moderna em geografia. In: VESENTINI, J. W. (Org.). Geografia: textos críticos. Campinas: Papirus, 1995. p.149-160.

____. Geografia em debate. Belo Horizonte: Lê, 1990.

Sobre a autora

MARIA ENEIDA FANTIN é natural de Jandaia do Sul–PR, mas ainda criança veio morar em Curitiba. Cursou licenciatura e bacharelado em Geografia na Universidade Federal do Paraná (UFPR) e pós-graduação em Antropologia Cultural na mesma instituição. Fantin é mestre em Tecnologia pela Universidade Tecnológica Federal do Paraná (UTFPR) e atua como professora da Educação Básica desde 1986. Tem experiência no ensino de Geografia nos anos finais do ensino fundamental e no ensino médio, porém, a maior parte de sua atuação profissional se deu no curso de formação de professores em nível médio.

Foi professora substituta da UFPR, onde ministrou a disciplina de Metodologia do Ensino de Geografia para estudantes dos cursos de Geografia e de Pedagogia. Tem um livro sobre esse tema, publicado pelo Instituto Brasileiro de Pós-Graduação e Extensão (Ibpex), atuou em políticas educacionais por sete anos (2004-2010), quando esteve na Secretaria de Estado da Educação, e coordenou o processo de elaboração das Diretrizes Curriculares Estaduais do Paraná. Atualmente, é professora da rede estadual, lecionando no Instituto de Educação do Paraná Professor Erasmo Pilotto e nas Faculdades Integradas do Brasil, onde ministra aulas no curso de Pedagogia e desempenha também a função de assessora da Direção Acadêmica.

Os papéis utilizados neste livro, certificados por instituições ambientais competentes, são recicláveis, provenientes de fontes renováveis e, portanto, um meio **respons**ável e natural de informação e conhecimento.

FSC
www.fsc.org
MISTO
Papel produzido
a partir de
fontes responsáveis
FSC® C103535

Impressão: Reproset
Setembro/2021